# 24

# ব্রাণ্ড মন্ত্র

## ক্রেতাদের মন-মস্তিষ্কে স্থান করে নিন

জগদীপ কাপুর



ডায়মণ্ড বুকস

| | | |
|---|---|---|
| প্রকাশক | ঃ | ডায়মণ্ড পকেট বুক্স (প্রা.) লিমিটেড<br>X - 30, ওখলা ইন্ডাস্ট্রিয়াল এরিয়া, ফেজ - II<br>নূতন দিল্লী - 110 020 |
| ফোন | ঃ | 011-40712200 |
| ই-মেল | ঃ | sales@dpb.in |
| ওয়েবসাইট | ঃ | www.dpb.com |
| বঙ্গানুবাদ | ঃ | সুমনা চক্রবর্তী |
| সম্পাদনা | ঃ | সমীর দে |
| লেজার টাইপসেটিং | ঃ | ল্যাঙ্গুয়েজট্রন, কার্তিক দে |
| মুদ্রক | ঃ | Repro (India) |

24 Brand Mantra (Bengali)

*by : Jagdeep Kapoor*

# ভূমিকা

বর্তমান দিনের শিল্প ভিত্তিক গোলক ধাঁধা পূর্ণ বাজারে এমন ব্রাণ্ডের সংখ্যা খুবই কম আছে যারা বড় মাপের উৎপাদন করতে সফল সিদ্ধ হয়েছে। এই প্রতিযোগিতার মার্কেটে কেউ পিছিয়ে পড়েছে তো কাউর অস্তিত্ব না থাকারই মতন। এর পিছনে বহু কারণ বিদ্যমান। এর সবচেয়ে মুখ্য কারণ হল, কোন ব্রাণ্ডের জন্য গৃহীত অসক্ষম বিচারধারার নীতি। প্রতিষ্ঠান উৎপাদনশীল হোক বা সেবামূলক যাইই হোক না কেন ব্রাণ্ড নির্মাতাকে বাজারের চাহিদাও ক্রেতাদের কাছে পৌঁছানোর পথ সম্পর্কে ওয়াকিবহাল থাকতে হবে।

এই বইতে আমি ব্রাণ্ড নির্মাতাদের লাভজনক উপায়ে উন্নতি ;ও বিকশিত হওয়ার জন্য কিছু পথ দেখানোর চেস্টা করেছি। আমি 24 কার্য ভিত্তিক ব্রাণ্ড মন্ত্র পেশ করতে চলেছি যা মার্কেটিং-এর লোকদের এক প্রভাবশালী ব্রাণ্ড রণনীতি তৈরী করতে সাহায্য করবে। সংক্ষিপ্ত, সরল এবং সহজেই গ্রহণ সম্ভব এই মন্ত্র আমার নিজের মার্কেটিং-এর অভিজ্ঞতার থেকেই লিখছি।

এই পুস্তক এবং এতে প্রদেক্ষ মন্ত্রের অদ্ভূত বিশেযত্ব হল, এইগুলি ব্রাণ্ড নির্মাণের জন্য বিবেকশীল ও আবেগপ্রবন মানসিকতার উপর কেন্দ্রীভূত। যে কোন ব্রাণ্ডের রণনীতি প্রস্তুত করার সময় প্রায়ই এটা দেখা যায় যে, উপরোক্ত পক্ষের মধ্যে যে কোন এক পক্ষকে প্রভাবিত করতে পারে। যে কোন ব্রাণ্ডের সফলতার জন্য তা উপভোগকারীদের কতটা আনন্দ দিচেছ তা দেখতেই হবে, কিন্তু এটা দেখা তখনই সম্ভব যখন কোন ব্রাণ্ড উপভোগকারীদের মন ও মানসিকতায় স্থান করে নিতে সক্ষম হবে। এই দুই পক্ষকে বোঝা এবং লক্ষ্যবদ্ধ উপায়ে তা প্রয়োগ করলে উপভোগকারীদের সন্তুস্ট করা যায় এবং মার্কেটিং-এর লোকেদেরও লাভ প্রদান করা যায়।

এই নতুন সংস্করণে আমি ব্রাণ্ড মার্কেটিং-এর আধুনিক রুচি সম্মত উদাহরণ অন্তর্ভুক্ত করেছি। এতে আমি মার্কেটিং-এর সাথে সম্পর্কিত সমস্ত গুরুত্বপূর্ণ তত্ত্বের সমাবেশ ঘটাবার চেষ্টা করেছি, যাতে উৎপাদনের বিভাজন, স্হিতি, বিজ্ঞাপন, প্রৎসাহন, বিক্রয়, বিতরণ পোর্টফোলিও রূপরেখা মূল্য নির্ধারিণ এবং উপভোগকারীদের সেবা অন্তর্ভুক্ত আছে। এই মন্ত্রতে সংক্ষিপ্ত সিদ্ধান্তের সাথে-সাথে ব্রাণ্ডের উদাহরণও প্রদান করা হয়েছে, যার মধ্যে কিছু কিছু ব্রাণ্ডে আমি প্রত্যক্ষ রূপে কাজ করেছি। আমার বিশ্বাস যে এই মন্ত্র অনুসরণ করলে আপনি অবশ্যই সফল ব্রাণ্ড বানাতে সক্ষম হবেন।

সফল ব্রাণ্ড তৈরী করার জন্য রইল শুভকামনা!

# কৃতজ্ঞতা

আমার বাবা-মা যশপাল এবং আশা কাপুর ও আমার স্ত্রী সঙ্গীতা এবং আমার সন্তান সমৃদ্ধও হংসিকা আমাকে এগিয়ে চলার জন্য প্রচুর উৎসাহ ও সাহায্য প্রদান করেছে, আমি তাদের কাছে চির কৃতজ্ঞ।

'সমসিকন' এর সাথীরা যে সাহায্য করেছে তার জন্য আমি কৃতজ্ঞতা জ্ঞাপন করছি।

# সূচীপত্র

# মস্তিষ্কের জন্য ব্রাণ্ড মন্ত্র

## ব্রাণ্ড মন্ত্র - 1

# বড় ব্রাণ্ড তৈরীর জন্য ব্রাণ্ড নাম সংক্ষিপ্ত রাখুন

আপনার ব্রাণ্ডের নাম উচ্চারণ করতে কোন ব্যক্তির কতটা সুবিধা হয় ? যখন কেউ এই ব্রাণ্ড কিনতে চায় তখন সে তা অতি সহজে চিনতে পারে নাকি তাকে বহু ভেবে চিনতে শব্দ খুঁজে বার করতে হয় ?

সমস্ত ব্রাণ্ডের নামই মুখে-মুখে ফেরে। ব্রাণ্ডের নাম বলতে অসুবিধা হলে দোকানে তার সহজ পরিচয় ঘটা মুশকিল হয়ে উঠবে। অন্যদিকে ব্রাণ্ডের নাম যদি সংক্ষিপ্ত ও আরাম দায়ক হয় তবে তা সাধারণ ক্রেতাদের মুখে-মুখে ফিরবে।

লক্স, আই বি এম, ও এম, হোণ্ডা, এন আই আইটি, আই আই এম, সোনি, কেরিয়ার, কম্প্যাস্ক, পোলো প্রভৃতি বিখ্যাত কম্পানী গুলি তাদের সংক্ষিপ্ত নামের সাহায্যে লোকেদের মুখে মুখে ফেরে। অন্যদিকে যদি আপনার ব্রাণ্ডের নাম জটিল হয় তবে তা সংক্ষিপ্ত করে দিন তা না হলে ক্রেতাদের সাথে তার পার্থক্য সৃষ্টি হবে। আর্ন্তজাতিক উপভোগকারীরে হয় অণ্ট্রা-ডু-এর মতন না বলতে অসুবিধা হয় আর তা নহলে তারা লাজসন এ্যাণ্ড টুবলোর মতন নামকে সংক্ষেপে এল এ্যাণ্ড টি বলে।

অতি সম্প্রতি ভারতেও এই ব্যবস্হার শুরু হয়েছে, এক্স চ্যানেল তার উদাহরণ। অতি সহজ সংক্ষিপ্ত ও শ্রুতি মধুর নাম। যদিও এটা অঙ্ক

ও বর্ণের মিলিত রূপ, তবুও এটা বেশ মনোরঞ্জিত বিষয়।

সংক্ষিপ্ত ব্রাণ্ড নামের সাথে নিশ্চিত ভাবে একটা প্রতিযোগিতামূলক ও সাংগঠনিক রূপে ব্রাণ্ড চলার পথ শুরু করা যায় এবং ব্যবসায়িক দিক থেকেও তা সাহায্য করে। উপভোগকারীদের মনেও একটা ছাপ সৃষ্টি করতে পারে, যার ব্রাণ্ডের নাম মনে রাখাও তা কেনা সুবিধাজনক হয়ে ওঠে।

আভূষণের ব্যবসা জগতে 'আকখী', 'তানিশ্‌ক', 'অগ্নি' ও 'ডি ডায়মণ্ড' খুব ভালো না মকরতে সক্ষম হয়েছে, কারণ তারা সংক্ষিপ্ত ব্রাণ্ড নেমের ব্যাপারে খুবই গুরুত্ব দিয়েছিল। কম্প্যুটারের জগতে ল্যাপটপের ক্ষেত্রে ব্রাণ্ডের নামটাএকটা বেশ ভালো ভূমিকা পালন করে। সোনিও অ্যাপেলেরী মতন নাম গুলিও যথেস্ট জনপ্রিয় হয়ে উঠেছে।

বেশ কয়েক বছর আগে অন্তঃরাষ্ট্রীয় টেলিভিশান কার্যক্রম 'হু ওয়ান্টস টু বি এ মিলিনিয়র ?'-এর অনুকরণে ভারতে 'কৌন বানেগা ক্রোর পতি' শুরু করা হয়েছিল। প্রোগ্রামটি খুবই জনপ্রিয় হয়েছিল এবং দর্শকদের মুখে-মুখে কে বি সির নাম ছড়িয়ে পড়ে।

সমাচার, মনোরঞ্জন এবং শিক্ষার জগতেও দেশীয় এবং আন্তর্জাতিক স্তরে টার্নর নেটওয়ার্ক টেলিভিশান টি এন টিতে পরিণত হয়েছে, সি এন এন কেবল নিউজ নেটওয়ার্কের সংক্ষিপ্ত রূপ এবং হার্ভার্ড বিজনেস রিভ্যু এইচ বি আর নামেই বেশী পরিচিত। এই সংক্ষিপ্ত নাম গুলি যে শুধুমাত্র সরল তাই না এর ব্রাণ্ড হিসাবে নিজেদের পরিচয়ও স্হাপনে সক্ষম হয়েছে।

তাই কোন বড় ব্রাণ্ড স্হাপন করতে হলে ব্রাণ্ড নাম সংক্ষিপ্ত রাখুন, এতে আপনিই লাভবান হবেন।

প্রথমত, সংক্ষিপ্ত নাম উচ্চারণ করতে সুবিধা হয় ফলে ক্রেতা তা সহজেই চাইতে পারে। আপনি 'মোকুতু সে কৃ কৃ কৃ ভাঙেণ্ডে ভজা ভঙ্গ া' এই রকম কোন নাম কল্পনা করতে পারেন কি ? যতক্ষণ ধরে ক্রেতা এই নাম উচ্চারণ করবে ততক্ষণে সে এই উপাদানের গুরুত্বের ব্যাপারে ভুলে যাবে। দুভার্গ্য বশতঃ এটা এক রাজ্যের প্রধানের নাম। তাই বড় ব্রাণ্ড নির্মাণের জন্য তার নাম সংক্ষিপ্ত রাখুন।

দ্বিতীয়ত এই ধরণের নাম বর্তমান দুনিয়ার প্রতিযোগিতামূলক বাজারেও

মনে থাকে। প্রতিযোগিতামূলক ফ্রুট ড্রিংকসের জগতে ফ্রুটির মতন নাম খুবই সরল বলে মনে হয় অন্যদিকে ট্রি টাপের মতন নাম গুলি বেকার হয়ে যায়। সমানর দুনিয়ায় লাক্স ও ডায়নার মতন নাম খুবই সফল হয়ে উঠেছে কিন্তু ম্যাটেজ অসফল রয়ে গেছে। শার্টের জগতে অ্যারোর নাম ক্রেতাদের মনে দাগ কাটতে সক্ষম হলেও তামারিণ্ডের মতন নাম অসফল থেকে গেছে। প্রতিযোগিতার দুনিয়ায় সংক্ষিপ্ত ব্রাণ্ড নাম হাতিয়ারের কাজ করে।

তৃতীয়ত বর্তমান যুগ ইন্টারনেটের যুগ mykindasite.com বা youpicktheflick.com-এর তুলনায় yahoo.com বা amazon.com টাইপ করা অনেক বেশী সুবিধাজনক।

গুগুলের মতন ব্রাণ্ড নামও খুব ভালোই ব্যবসা জমাতে সক্ষম হয়েছে। টেকনোলজির দুনিয়ায় নোকিয়া মোবাইল ফোন যে শুধুমাত্র ক্রেতাদের আকর্ষণ করতেই সক্ষম হয়েছে তাই না বরং এই ব্রাণ্ড ভারতে নিজেকে বহু-রাষ্ট্রীয় ব্রাণ্ড রূপেও স্হাপিত করতে সক্ষম হয়েছে। সংক্ষিপ্ত ব্রাণ্ড নামের মধ্যে একটা বড় ব্রাণ্ড নির্মাণও ব্যবসা জমানোর মতন শক্তিশালী ক্ষমতা থাকে।

চতুর্থ সূত্রটি উপভোগকারীদের মানসিকতার সাথে সম্পর্কিত। উপভোগকারীরা কোন ব্রাণ্ডের অস্তিত্বের কথা তখনই মনে রাখে যখন তার নাম সংক্ষিপ্ত হয় এবং তার পরিচয় নিয়ে কোন রকম কাটা ছেঁড়া করা হয়না, কোন ব্রাণ্ডের ব্যক্তিত্বে গণ্ডোগোল সৃষ্টি হলে তা কখনই দৃঢ়তা তৈরী করতে পারেনা।

ব্রাণ্ড নামের শুদ্ধতা তখনই বজায় থাকে যখন তা সংক্ষিপ্ত হয়। এটা এক উপযোগী গুণ। যদি কোন ব্রাণ্ডের নাম দীর্ঘ হয় তবে উপভোগকারীরা তা ছোট করে দেয় এবং এর মূল অস্তিত্ব ও বাস্তবিক অর্থও শেষ হয়ে যায়।

জী-এর মতন অগ্রগন্য ব্রাণ্ড মনোরঞ্জনের দুনিয়ায় নিজের দৃঢ় স্হান তৈরী করতে সক্ষম হয়েছে। এটা খুবই শক্তিশালী ব্রাণ্ড এবং প্রতিটি ভারতীয় কোন রকম সমস্যা ছাড়া আরামে এই নাম উচ্চারণ করতে পারে। জী-চ্যানেল বহু বছর ধরে তার প্রতিযোগিদের সাথে লড়াই করে এক প্রধান ও দৃঢ় ব্রাণ্ড তৈরী করতে সক্ষম হয়েছে। আমি মনে করি যে, বিষয়

বস্ত্ত ও ব্যবস্হাপনা ছাড়াও জী-এর সংক্ষিপ্ত নামও তার স্হাপনা ও ব্যবসার ক্ষেত্রে গুরুত্বপূর্ণ ভূমিকা পালন করেছে।

কয়েক বছর আগে বী 4 ইউ একটা সঙ্গীত চ্যানেল শুরু করেছিল এবং কয়েকদিনের মধ্যে এই নামে একটা ফিল্মী চ্যানেলও তৈরী হয়ে যায়। এর সংক্ষিপ্ত এবং মনে রাখার যোগ্য নামই এর পরিচয় গড়ে তুলতে সাহায্য করেছে, এম টি ভি এবং চ্যানেল ভি-এর মতন চ্যানেল বিদ্যমান থাকা সত্ত্বেও এই চ্যানেল নিজের স্হান গড়ে তুলতে সক্ষম হয়েছে।

বিশ্বের 1/6 জনসংখ্যা ভারতে বিদ্যমান, রাষ্ট্রীয় ও অন্তঃরাষ্ট্রীয় স্তরের ও গানও ফিল্মে চাহিদা খুবই বেশী। সবচেয়ে বড় ফিল্ম দুনিয়াটি বলিউড নামে পরিচিত। বী 4 ইউ খুব কম সময়তেই সঙ্গীত ও সিনেমার মাধ্যমে দর্শকেরদের মনে স্হান বানাতে সক্ষম হয়েছে। এর সংক্ষিপ্ত এবং আকর্ষক নাম উপভোগকারীদের মনে থেকে যায় এবং তারা তা বার-বার প্রয়োগও করতে পারে।

এই ধরণের উদাহরণ দিতে থাকলে তা শেয করা মুশকিল হয়ে উঠবে, সঙ্গীতের জগতের হিজ মাস্টার ভয়েজ এইচ এম ডি নামে পরিচিত, অন্যদিকে তথ্য প্রযুক্তির দুনিয়ার বিখ্যাত নাম হিয়ুলেট প্যাকাই কে সারা বিশ্বের লোক এইচ পি নামেই চেনেই।

ব্রাণ্ডের নাম ছোট হলে তা বলতে খুবই সুবিধা হয়। সেই নাম মনে রাখা ও তা কেনা সরল হয়ে ওঠে। ভারতের মতন বৈচিত্রময় ভাষার দেশে নাম যত সংক্ষিপ্ত হয় তা ততই সুবিধাজনক হয়ে ওঠে কারণ অতি সহজেই তা লোকের মুখে-মুখে সারা দেশে ছড়িয়ে পড়ে।

সংক্ষিপ্ত ব্রাণ্ড নামের আর একটি সুবিধা হল এটা যে কোন বড় বর্গকে অতি সহজে বিভাজিত করে দিতে পারে, যেমন একটা গরম চাকু মাখনকে, এতে পুরুষ, স্ত্রী ও বাচ্চারা মিলে মিশে যায়।

সবশেষে বলি যদি কোন উপাদান আপনাকে সন্তুস্ট করতে পারে তবে তো তা আপনাকে চাইতেই হবে।

তাই যদি ব্রাণ্ডের নাম সংক্ষিপ্ত হয় তবে একটা বড় ব্রাণ্ড নির্মাণ করাটা খুবই সুবিধাজনক হয়ে ওঠে।

## ব্রাণ্ড মন্ত্র - 2

# তাড়াহুড়োয় করা অনুসন্ধানকে সাধারণ জ্ঞানের উপর চেপে বসতে দেবেন না

ইতিহাস ও গবেষণা বলছে যে, গত 29 বছরে ভারতীয় ক্রিকেট টিম অস্ট্রেলিয়াতে কোন ত্রিদেশীয় মোকাবিলায় জিততে পারেনি।

এর মানে কি এই যে ভারত কখনই জিততে পারবেনা? সম্প্রতি এম.এস. ধোনী অস্ট্রেলিয়ার মাটিতে বিশ্ব কাপের রানার আপ টীম শ্রীলঙ্কা এবং বিশ্ব কাপের চ্যাম্পিয়ান অস্ট্রেলিয়াকে মাত করে দিয়েছে। এই সবই সাহস, মনোবল, টীম স্পীরিট এবং সাধারণ বিবেকের ফলাফল।

অনেক সময় ব্রাণ্ড সাধাণর জ্ঞানের জোরেই সফল হয়ে যায়, যদি সে তাড়াহুড়োয় করা অনুসন্ধান এবং নিজের অতীতকে নিজের সফলতার আশায় চেপে বসতে না দেয় তবেই।

আকাশ মেঘাচছন্ন থাকলে নীল আকাশ খুব কমই দেখা যায়। কিন্তু এর মানে এই নয় যে, আকাশ সেখানে নেইই। আপনি কাউকে জিজ্ঞাসা করলে সে বলে যে সে সাদা আকাশ দেখতে পাচেছ। এখন আপনার কাছে দুটি পথ খোলা–এক আপনি তার উত্তর সঠিক মনে করে এগিয়ে চলুন অথবা কোন নির্ণয় নেওয়ার আগে আকাশ পরিস্কার হওয়ার জন্য প্রতীক্ষা করুন, সাদা বা নীল।

মার্কেটিং এবং ব্রাণ্ড নির্মাণের ব্যাপারটা অনেকটাই সাধারণ জ্ঞানের উপর নির্ভরশীল। যখন উপভোগকারীদের কার্য কলাপ ও সাধারণ জ্ঞান বিশেষ কোন তত্ত্ব প্রদান করে, তখন অবশ্যই সেদিকে নজর দিন। দুভার্গ্য বশতঃ অনুন্ধান বেশী ভাগ ক্ষেত্রে পরিনামের ব্যাপারে সমস্যার সৃষ্টি করে এবং গবেষণার সময় এর প্রকৃত তত্ত্ব কোথাও লুপ্ত হয়ে যায়। এমন অবস্হায় আকাশ পরিষ্কার হওয়ার অপেক্ষা করাই শ্রেয়।

আমাকে ভুল বুঝবেন না। মার্কেটিং-এর ক্ষেত্রে অনুসন্ধান একটা গুরুত্বপূর্ণ ভূমিকা পালন করে। এর দ্বারা যে তথ্য প্রকাশিত হয় তা ব্রাণ্ড নির্মাতাদের কাছে অমূল্য রত্ন হয়ে ওঠে। এই মন্ত্রে অনুসন্ধানের আলোচনা করা আমার উদ্দেশ্য নয়। আসলে আমি বলতে চাই যে, যখন কোন বিষয় নিজের মধ্যেই সমাপ্ত হয়ে যায় তখন সে তার মালিককে সন্তুষ্টির দিকে নিয়ে যেতে পারেনা।

একটা উদাহরণ লক্ষ্য করুন। আজ থেকে প্রায় দশ বছর আগে নেসলে পলোমা আইস্‌ড টী-কে ভারতের মার্কেটে নিয়ে এসেছিল। অনুসন্ধানের ভিত্তিতে তারা বুঝেছিল যে, ভারতের বাজারে আইস টি ব্রাণ্ড চলে যাবে। দুর্ভাগ্যবশতঃ সময় তাদের সঙ্গ দেয়নি, ফলে পরবর্তী অনুসন্ধান কিছু অন্য কথা বলে। পলোমা ভারতীয় বাজারে একেবারেই সফলতা পাইনি, ফলে নেসলেকে এই উৎপাদন ফিরিয়ে নিয়ে যেতে হয়।

এবার একটা সাধারণ জ্ঞান ভিত্তিক উপাদানের দিকে দৃষ্টি দিন। সারা পৃথিবী ভারতীয়দের চা-প্রীতির কথা জানে। ভারতীয় চা-য়ের জন্য সর্বদাই প্রস্তুত, কিন্তু এরা গরম চাই পছন্দ করে। কিন্তু আইস্‌ড চা? নেসলে ভেবেছ উপভোগকারীরা বরফ দেওয়া চা পেয়ে খুবই খুশী হবে, যদি তারা নিজেদের সাধারণ জ্ঞানের দিকে দৃষ্টি দিত তবে এই বিরাট ক্ষতির হাত থেকে রেহাই পাওয়া সম্ভব হত।

আগত 10-15 বছর পরে, পরবর্তী শতাব্দীতে হয়তো ভারতীয়রা বরফ দেওয়া চা পছন্দ করলেওকরতে পারে। সময়ের আগেই কি

ভারতীয়দের সামনে পলোমা পরিবেশন করে দেওয়া হয়েছিল?

সাধারণ তথ্য ও উদাহরণ সাধারণ জ্ঞানের সুমেল বহু ব্যবসাকে বাঁচাতে পারে। উদাহরণ স্বরূপ বলা যায়, একটি সাধারণ তথ্য বলে যে, দিল্লীতে 44 ডিগ্রী সেলসিয়াস গরমে লোকেরা কড়াই থেকে বার করা গরম গরম জিলিপির সাথে চা খায় খুবই আনন্দ করে।

এমনই একটা অনুসন্ধান সীজফায়রের রিয়ল ভ্যালু ভ্যাক্যুমাইজারের ক্ষেত্রে চোখে পড়ে। আমি বিশ্বাসের সাথে বলতে পারি যে এই উপাদান বাজারে আসার আগে যথেষ্ট গবেষণা করা হয়েছিল। আর এতে যে সাধারণ জ্ঞানের প্রয়োগও করা হয়েছিল তাতে কোন সন্দেহই নেই। এই উপাদান খাদ্যকে বহুক্ষণ সতেজ রাখার প্রতিশ্রুতি দেয়। এই উপাদান বিদেশে সফল হওয়ারই ছিল কিন্তু ভারতে, এখানে মানুষ প্রয়োজনে বাইরের খাবার কিনে খায়, সুতরাং এর সফল হওয়ার সুযোগ খুব কমই ছিল। একটা বেশ বড়সড় ও খরচ সাপেক্ষ বিজ্ঞাপন তৈরী করা সত্ত্বেও রিয়েল ভ্যালু মার্কেটে স্হান প্রাপ্ত করতে অসফল থেকে যায়।

যারা খাদ্যকে সতেজ রাখতে ইচ্ছুক ছিল তাদের কাছে বাজারের আরো অনেক সাধারণ ও কম খরচের বিকল্প বিদ্যমান ছিল। তাই এই আধুনিক ও দামী মেশিনকে ভারতীয় ক্রেতারা নাকচ করে দেয়। এতে যে শুধুমাত্র একটা ব্রাণ্ড ক্ষতিগ্রস্হ হয় তাই না, সমগ্র কম্পানীকই গভীর আর্থিক সংকটের মুখোমুখি পড়তে হয়।

বহু বছর আগে অন্তঃরাষ্ট্রীয় স্তরে ওয়াকম্যান তার ভালো পয়সা জমাতে সক্ষম হয়েছিল। সম্প্রতি আই প্যাডও আই ফোন জমিয়ে ব্যবসা করে চলেছে।

এই দুটি উদাহরণ থেকে বলা যায়, ব্যক্তিদের মধ্যে জ্ঞান সহ সাধারণ বুদ্ধিও ছিল।

এক কম্পানী হোম ট্রেড নামক একটা ব্রাণ্ড মার্কেটে নিয়ে আসে এবং এর বিজ্ঞাপনে কাজ করেছিল বেশ বিখ্যাত ব্যক্তিরা। এটি নয় যে বহু

গবেষণা করা হয়েছিল কিন্তু আমার মনে হয় যে এতে সাধারণ বুদ্ধির প্রয়োগ করা হয়নি। এত বিজ্ঞাপন ও চাক্‌চিক্য থাকা সত্ত্বেও এই ব্রাণ্ড অসফল হয়ে যায়।

এটা বুঝতে হবে যে, অনুসন্ধান মার্কেটিং-এর অভিন্ন অঙ্গ। কিন্তু তার সাথে সাধারণ জ্ঞানকেও কাজে লাগাতে হবে। অনথ্যায় ব্যয় সাপেক্ষ মার্কেটিং-এর জালে জড়িয়ে বিপদে পড়ে যাবে এবং উপভোগকারীর মন-মানসিকতায় জায়গায় করে নিতে অক্ষমই থেকে যাবে।

ব্রাণ্ড মন্ত্র - 3

# ব্রাণ্ড নির্মাণের জন্য উপযুক্ত শ্রেণীর প্রয়োগ করুন

মার্কেটিং-এর ব্যাপারে আপনি প্রত্যেকের জন্য কখনই সর্বসম্পন্ন হতে পারবেন না। হয়তো কাউর কাছেই আপনার কোনই মূল্য নেই, সেই কারণে শ্রেণী প্রয়োগ বাঞ্ছনীয়। কি ধরণের উপভোগকারীর উপর আপনি সবচেয়ে বেশী ধ্যান কেন্দ্রিত করবেন সেটাই সবচেয়ে বড় প্রশ্ন। আপনি মানুষ, মনোবৈজ্ঞানিক ও ভৌগলিক ক্ষেত্রের উপর কাজ করতে পারেন, এই সব কিছুর থেকে আপনি পরিণাম প্রাপ্ত করতে পারেন।

যতদূর আমার মত তাতে করে, এর উপর. ভিত্তি করে যে ব্রাণ্ড নির্মাণ করা হয়, উপভোগকারীরা সেটিকে অবশ্যই পছন্দ করে নেয়। যেমন ধরুন যে সমস্ত ব্যক্তিরা বেশী পরিস্কার পরিচ্ছন্নতার সাথে জুড়ে রেখেছে, এই সাবান সৌন্দর্য, গন্ধ, সতেজতা বা কম দাম কোন দিকেই নজর দেয়না। কিন্তু, যে বাবা-মারা তাদের বাচ্চাদের নোংরাও জীবানুর থেকে সুরক্ষিত রাখতে চায় তারা অবশ্যই ডেটল পছন্দ করবে। তাই ডেটল প্রত্যক্ষও স্পষ্টরূপে উপযুক্ত শ্রেণীর সাহারা নিয়েছে। এই ব্রাণ্ড সেই সমস্ত উপভোগকারীদের কথা ভাবে যাদের কাছে সুরক্ষার ব্যাপারটা খুবই গুরুত্বপূর্ণ। এটা জীবানু ও নোংরার হাত থেকে সুরক্ষা প্রদান করে। নিজের জন্য শারীরিক ও মানসিক স্বচ্ছতা এবং ইতিবাচক পরিস্কার-পরিচ্ছন্নতাকে সুনিশ্চিত করে। এই কারণেই এর মূল স্লোগান হল

'ডেটোল সুরক্ষা'।

আগেই বলেছি যে, ডেটল সাবান অত্যন্ত বুদ্ধির সাথে নিজেকে একটা শ্রেণীতে আবদ্ধ করে নিয়েছে এবং সৌন্দর্য, গন্ধ, সতেজতা এবং দাম প্রভৃতি থেকে নিজেকে দূরে রেখেছে। ভারতে সম্প্রতি একটা সার্ভে করা হয়েছে যাতে ডেটলকে সবচেয়ে প্রশংসনীয় ব্রাণ্ডের সূচীতে রাখা হয়েছে।

ব্রাণ্ড মন্ত্রের ক্ষেত্রে বর্গী করণের ব্যাপারটিকে এত গুরুত্ব দেওয়ার কারণ হল বয়স এবং লিঙ্গ বা জনগণ, মনোবৈজ্ঞানিক ও ভৌগলিক ক্ষেত্রে এমন একটা বিষয় যার ভিত্তিতে শ্রেণীভুক্ত করাটা খুবই জরুরী। ক্র্যাক ক্রীম উপযুক্ত শ্রেণী করণের এক ভালো উদাহরণ, এটা যে শুধুমাত্র আপনাদের পা-ফাটাই ঠিক করে তাই নয় বরং সৌন্দর্য এবং আরামের দিকেও খেয়াল রাখে। আপনাদের পা-ফাটার সঠিক পরিচয্যার জন্য ব্রাণ্ড দ্বারা 'টু গুড' বা 'ফিল গুড'-এর মতন স্লোগানের প্রয়োগ উপযুক্ত শ্রেণী করণের সর্বত্তম উদাহরণ।

একই ভাবে, মুভ ক্রীম, সৌভাগ্য বশতঃ এটাও এই কম্পানীরই উপাদান যা পিঠ ব্যথার উপর কেন্দ্র করেই তৈরী হয়েছে, এটাও উপযুক্ত শ্রেণী করণের উৎকৃষ্ট উদাহরণ।

ক্র্যাক ক্রীম এবং মুভ দুটোই বাজারে যথেষ্ট ব্যবসা করে চলেছে।

ব্যাঙ্ক এটি এম সেবা প্রদানের দ্বারা উপযুক্ত শ্রেণী করণের প্রয়োগ করেছে। সে তার উপভোগকারীদের প্রতিশ্রুতি দিয়েছে যে, সপ্তাহের সাত দিন 24 ঘন্টা সেবা প্রদান করে যাবে। মানুষের ফাঁকা সময়তেও ব্যাঙ্ক এই সুবিধা প্রদান করার জন্য সকলেই ব্যাঙ্কের দিকে আকর্ষিত হচ্ছে। সর্বপ্রথম সিটি ব্যাঙ্ক, স্ট্যাণ্ডার্ড চাটার্ড, এবং হংকং, এ্যাণ্ড শাংখাই ব্যাকিং কর্পোরেশান ব্যাঙ্ক এই এটিএম-এর সেবা প্রদান করে. উপভোগকারীদের নিজেদের দিকে আকর্ষিত করার চেষ্টা করেছিল।

বহু বছর ধরে বারনল শুধুমাত্র সামান্য জ্বলার হাত থেকে রেহাই দেওয়ার নাম নিয়ে যে শ্রেণীকরণ করে রেখেছে তার জন্যই তা আজও লাভজনক ব্রাণ্ড রূপে বাজারে অস্তিত্ব কায়েম করে রেখেছে।

'ভিক্স ভেপোরব' এই শ্রেণী করণের দ্বারাই ভারতের ঘরে-ঘরে নিজেকে পৌঁছাতে সক্ষম হয়েছে এবং সর্দি কাশিতে পীড়িত লোকেদের

মনে স্হান করে নিয়েছে।

আপনি হয়তো ভাবছেন যে, ক্রীম এবং মলমের মতন ব্রাণ্ড গুলি কিভাবে এমন প্রভাবশালী ঢঙে উপযুক্ত বর্গীকরণ করে? অতি সাধারণ কথা হল, আপনি যদি মানুষের বিশেষ প্রয়োজনকে চিনতে, সেই প্রয়োজন ব্যক্ত করে তো পূরণ করতে পারেন এবং যদি তাতে উপভোগকারীরা সন্তুষ্ট হয় তবে সেই ব্রাণ্ড অবশ্যই দাঁড়াতে পারবে।

কোন শ্রেণীকরণের মাধ্যমে শুধু যে উপভোগকারীদের মনবৈজ্ঞানিক ভৌগলিক ও মানসিক প্রয়োজনই পূরণ করা যায় তাই নয়, এর দ্বারা উপভোগকারীদের আকর্ষণ করাও সম্ভব হয়ে ওঠে।

কিন্তু এর অর্থ এই নয় যে, উপযুক্ত শ্রেণীকরণ মানুষের ভৌগলিক ও মনবৈজ্ঞানিক স্হান দখল করতে সক্ষম হয়। বরং এর দ্বারা শ্রেণীকরণ পদ্ধতিকে আরোও শক্তিশালী করে তোলা উচিত।

উদাহরণ স্বরূপ বলা যায়, মিউচ্যুয়াল ফ্যাণ্ডের বিভিন্ন শ্রেণীতে নিয়োগকারীরা বিভিন্ন রকম লাভের আশায় অর্থ নিয়োগ করে থাকে। কেউ অর্থের সুরক্ষাকে প্রাথমিকতা দেয়, তো কেউ অর্থ কত শীঘ্র বিকশিত হবে সেটির উপর বেশী জোর দেয়। যারা অর্থের সুরক্ষার উপর বেশী জোর দেয় তারা জানে যে, ঝুঁকি কম হওয়ার অর্থ লাভও কম হবে, কিন্তু যার বেশী লাভের আশায় থাকে তারা জানে যে এতে ঝুঁকিও বেশী। এই তথ্য মাথায় রেখে রিলায়েনস মিউচ্যুয়াল ফাণ্ড ভারী মাত্রার ব্রাণ্ড নিয়ে এসেছে যা বিভিন্ন বর্গের লোকের মানসিকতার সাথে মিল খায়। এর মধ্যে একটা ব্রাণ্ড ছিল ফাস্ট মুভিঙ্গ কনজিউমার গুড্‌জ এবং ব্ল্যু চিপ স্টক্স, এই ব্রাণ্ড ছিল সেই সমস্ত লোকেদের জন্য যারা নিজেদের অর্থ সুরক্ষিত রাখতে চায় এবং ক্রমাগত আমদানির পক্ষে। অন্য আর একটি আইটি এবং মিডিয়া স্টকের ব্রাণ্ড ছিল, যার ধরন ছিল একটু অস্হির, এটা ছিল সেই সমস্ত লোকেদের জন্য যারা ঝুঁকি নিয়ে অতি শীঘ্র ধন বৃদ্ধি করতে চায়।

ব্যবসার ক্ষেত্রে যে রণনীতি অনুসরণ করা উচিত তা হল, উপভোগকারীদের বিশেষ প্রয়োজনকে বুঝতে হবে, তারপর সমান প্রয়োজন সম্পন্ন উপভোগকারীদের তৈরী করতে হবে, তারপর তাদের

চাহিদার পূর্তি ঘটাতে হবে।

উৎপাদন হোক বা সেবা, উপভোগকারীদের লাভবান করার জন্য প্রয়োজনের শ্রেণীকরণ ও উপযোগিতার শ্রেণীকরণ করা খুবই জরুরী কারণ প্রকৃত পক্ষে এর থেকেই উপভোগকারীদের জীবনের গুণমানে পরিবর্তন আসে। তাই বিশিষ্ট চাহিদা সম্পন্ন ব্যক্তিদের চেনা এবং উপযোগিতা শ্রেণীকরণ বিধির প্রয়োগ করা এক সফল ব্রাণ্ড নির্মাণের সঠিক রাস্তা।

## ব্রাণ্ড মন্ত্র - 4

# ভালো বিক্রীর জন্য স্যাম্পেল (নমুনা)

ব্যবহার করে দেখার জন্য ক্রেতাদের হাতে স্যাম্পেল তুলে দেওয়া ব্রাণ্ড নির্মাণের বহু পুরানো ও সফল বিধি। কোনব্যক্তি যখন কোন ব্রাণ্ড ব্যবহার করে সন্তুষ্টি লাভ করে তখন সে বারংবার সেই ব্রাণ্ডের জিনিসই ব্যবহার করতে চায়। এইভাবে বিশ্বাসী উপভোগকারী বা বারবার সেই ব্রাণ্ডের দিকে ছুটে যায়।

এই বিধি শুধুমাত্র খাদ্য পদার্থ বা তীব্র গতি উপভোগকারীদের সেবাতেই প্রযোজ্য নয় বরং মৌলিক উৎপাদন, আর্থিক এবং তথ্য প্রযুক্তির সেবা এবং অন্য তীব্র গতি উপভোগকারীদের সেবার ক্ষেত্রেও প্রযোজ্য। তা আমেরিকার ফ্লোরিডা মাল হোক বা মুম্বাইয়ের ইনয়ারবিট মল, বহু স্টোরেই, স্যাম্পেল বিধির প্রয়োগ করা হয়, বিশেষত ফুড কোর্টের ক্ষেত্রে- এটা কোন বিশেষ রাঁধুনির স্যাম্পেল হতে পারে, যেমন ধরুন চীনী খাদ্য বা কোন মিষ্টি, দুটি ক্ষেত্রেই খেয়ে দেখার ব্যাপারটা এসেই যায়, আর ব্রাণ্ড ব্যবহার করে যে অভিজ্ঞতা হয় তারই প্রভাব পড়ে ব্রাণ্ড বিক্রীর ক্ষেত্রে।

সম্প্রতি জিলেট একটা মলে চার ওয়াশ বেসিন লাগিয়ে পুরুষদের নিজের নতুন ব্রাণ্ড ম্যাক ও টার্বো ব্যবহার করে দেখার জন্য অনুরোধ জানাচেছ। বহু পুরুষ খুবই উৎসাহের সাথে তা ব্যবহার করে দেখেছে এবং স্যাম্পেলিং এর এই প্রয়োগ উপাদানের জন্য উত্তম বলে প্রমাণীত

হয়েছে।

সম্প্রতি মার্কেটে আসা একটা ইন্টারনেট সার্ভিস প্রোভাইডর উপভোগকারীদের সংখ্যা বৃদ্ধির জন্য প্রভাবশালী ঢঙে স্যাম্পেলিং বিধির প্রয়োগ করেছে। যেহেতু ভারতে আগে থেকেই আই এস পী ক্ষেত্রের ছোট-বড় বহু ব্রাণ্ড বিদ্যমান তাই নতুন ব্রাণ্ডের জন্য গতানুগতিক পথ থেকে সরে গিয়ে কিছু করাটা ছিল অনিবার্য। উপভোগকারীদের আকর্ষিত করার জন্য দু মাস ধরে বিনামূল্যে ব্যবহারের সুবিধা দেওয়া, একেবারেই নবীনতম সংযোজন। এই ভাবে এই ব্রাণ্ড খ্যাতি এবং প্রতিষ্ঠার দিক দিয়ে ছয় নম্বরে নিজের স্থান করে নিতে সক্ষম হয়েছে।

আর একটা লেক্সাইট কম নামক ব্রাণ্ড স্যাম্পেলিং-এর সঠিক ব্যবহার করে মার্কেটে নিজের স্থান গড়ে নিত সক্ষম হয়েছে। কারণ ভারতে এই প্রথম উকিল ও চার্টার্ড অ্যাকাউনটেন্টের জন্য কোন ব্রাণ্ড এসেছিল তাই লেক্সইট.কম সফলতার সাথে নিজেকে প্রতিষ্ঠিত করতে পেরেছিল। এছাড়া বিনামূল্যে যে নমুনা ব্যবহারের সুবিধা দেওয়া হয়েছিল তার জন্য উপভোগকারী বানানোটা আরোও বেশী সুবিধাজনক হয়ে উঠেছিল।

সম্প্রতি সেবা ভিত্তিক স্যাম্পেল প্রদানের ক্ষেত্রে এই দুটি খুবই ভালো উদাহরণ কিছু স্যাম্পেলিং-এর সর্বশ্রেণী উদাহরণ পাওয়া যায় খাদ্য পদার্থের ক্ষেত্রে স্যাম্পেলিং-এর দ্বারা উপভোগকারীদের মন ভোলানোর কাজটা খুব ভালো করে করা সম্ভব হয়। কয়েক বছর আগে কোক প্রভাবশালী ঢঙে এই বিধিরপ্রয়োগ করেছিল। সিগারেট কম্পানীও সেই পদাঙ্ক অনুসরণ করেছিল। এতে খরচ হয় ঠিকই কিন্তু লাভও কম হয়না। উদাহরণস্বরূপ বলা যায়, যদি আপনার মূল্য দর 10 শতাংশও হয় তাহলেও পরিণাম খুবই উৎসাহজনক।

ভারতে অটোমোবাইলের মার্কেট খুবই প্রফুল্লতার সাথে এগিয়ে চলেছে। ভারতের উপভোগকারীদের সামনে বিভিন্ন ধরনের গাড়ী বিদ্যমান। বেশীর ভাগ ব্রাণ্ড কেনার আগে ক্রেতাকে টেস্ট ড্রাইভের সুবিধা প্রদান করা হয়। এটা এক প্রকার ক্যাম্পেলিং-এরই উদাহরণ। এইভাবে ভারতে মলের আধিক্য হওয়ায় যে কোন ক্রেতা যে কোন ধরণের

পোশাক কেনার আগে ট্রায়েল রুমে তা পরে দেখার সুবিধা প্রদান করা হয়। এটা ঠিক যে ট্রায়েল রুমের সুবিধার থেকে ল্যাস শো রুম উপভোগকারীদের অধিক পছন্দের।

একটা সফল ব্রাণ্ড নির্মাণের ক্ষেত্রে স্যাম্পেলিং-এর ভূমিকা কেবলমাত্র এতটুকুই, যে কোন উপাদান বা সেবা ব্যবহার করে উপভোগকারী যাতে সন্তুস্ট হয় তা দেখা।

স্যাম্পেলিং বিজ্ঞাপনের থেকেও অধিক কার্যকারী বলে প্রমাণীত হতে পারে। কিন্তু এর প্রয়োগ করার সময় সাবধানতা অবলম্বন করা উচিত। তা না হলে এর দ্বারা ব্যবসা ক্ষতিগ্রস্হও হতে পারে।

বহু যুগ ধরে কোন উপাদান বাজারে চালানোর জন্য স্যাম্পেলিং-এর প্রয়োগ চলে আসছে, কিন্তু আমার মনে হয় উৎপাদন ও সেবাকে নতুন ভাবে প্রসারিত করা সম্ভব।

প্রাতঃরাশের জন্য প্রস্তুত কেল্‌গসের স্যাম্পেল ঘরে-ঘরে ও স্কুলে বিতরণ করে বাচ্চাদের মন জয় করার চেস্টা করা হয়েছিল। এটা যে খুবই সুন্দর প্রচেস্টা ছিল তাতে কোন সন্দেহ নেই কিন্তু ভারতীয়দের খাদ্যাভ্যাসের সাথে এর মিল না থাকার কারণে এই প্রচেস্টা অসফল হয়ে যায়। এছাড়া স্হানীয় ব্রাণ্ড 'মোহন'-এর তুলনায় এর দাম বেশী হওয়ার ফলে এর সফলতাও বিক্রীর পথে বাধার সৃষ্টি হয়।

পরে কেল্‌গস তার ভুল শুধরে নিয়ে ফরাস্টীজকে বাজারে নিয়ে আসে।

অন্য দিকে নেস্‌লের ইনস্ট্যাণ্ট নুডলস্ বাচ্চাদের মধ্যে জনপ্রিয় হয়ে ওঠে। দুই-মিনিটে প্রস্তুত ম্যাগী নুডলস্ অনেক আগে থেকেই ইনস্ট্যাণ্ট স্ন্যাক্স হিসাবে নিজেকে প্রতিস্ঠা করতে সক্ষম হয়েছিল। এক্ষেত্রে স্যাম্পেলিং-এর থেকেই বিক্রী শুরু হয়ে যায় এবং দেখতে-দেখতে উপাদান হিট্ হয়ে যায়।

এমনকি ফিল্ম জগৎ বলিউডেও 'ভালো বিক্রীর জন্য স্যাম্পেলিং' ব্রাণ্ড মন্ত্রের অনুসরণ করা উচিত সিনেমা হলের জানলায় লোকের ভীড় করার জন্য স্যাম্পেলিং হিসাবে আগত ফিল্মের দৃশ্য টেলিভিশান বা মাল্টী প্ল্যাক্সে দেখানো হয়ে থাকে। তা 'যোধা আকবর' হোক বা 'তারে

জামিন পর' হোক বা 'চক্ক দে! ইণ্ডিয়া'-র দৃশ্যই হোক, যে সামান্য দৃশ্য দেখানো হয় তাতে দর্শকরা তাদের প্রিয় ঋত্বিক রোশান, ঐশ্বর্য রাই, আমীর খানও শাহরুখ খানকে দেখতে পায়ে এবং তাদের মনে সেই ফিল্মম দেখার ইচ্ছাও জেগে ওঠে।

নিজে উপাদানকে সফল করে তোলার জন্য আমার স্যাম্পেলিং মন্ত্রের প্রয়োগ করে দেখুন।

উপাদান ভালো হলে স্যাম্পেলিং-এর মাধ্যমে তা অবশ্যই সফল হয়ে উঠবে। সত্যি বলতে কি যদি কোন নতুন উপাদান বিনা মূল্যে বা বিশেষ দামে পাওয়া যায় তবে উপভোগকারীরা তা পরখ করে দেখার জন্য সর্বদা প্রস্তুত থাকে। এতে কোন অজ্ঞাত উপাদানের পিছনে খরচ করার ঝুঁকি অনেক কম থাকে। উপাদান তো ভালো হতেই হবে। উপাদান যদি খারাপ হয় তাকে যতই সাহায্য করা হোক না কেন তার পরাজয় নিশ্চিত।

# ব্রাণ্ড মন্ত্র - 5

## সঞ্চার করতে সংকোচ করবেন না

মার্কেটিং-এর জন্য সঞ্চার করাটা খুবই জরুরি। আপনার উপাদানের যে খুব ভালো সেটা জনসাধারণকে জানতে হবে। উপাদান যত ভালোই হোক না কেন জনসাধারণকে সেই বিষয় না জানালে সাধারণ লোক তা জানবে কি করে। সাধারণ মানুষ যদি আপনার উপাদান সম্পর্কে নাই জানে তবে এই শ্রেণীর উপাদান ব্যবহার করার সময়তেও আপনার উপাদান সম্পর্কে বিচারের কথা মাথাতেও আসবেনা। তাই সঞ্চার করাটা অনিবার্য।

সঞ্চারই এমন একটা মাধ্যম যার দ্বার কোন উপাদানের প্রতিচ্ছবি উপভোগকারীর মন-মস্তিস্কে ছাপ ফেলে দেয়। তাই সঞ্চারের ব্যাপারে কখনই দেরী করা উচিত না এবং নিরন্তর এর কাজ চালিয়ে যাওয়া উচিত।

লোকে যাই বলুক না কেন, এটি সত্যি যে, উপদান যত ভালোই হোক না কেন তা বিক্রী করতে অসুবিধার সৃষ্টি হয়ই। শুধুমাত্র নিজের উপর ভিত্তি করে তা কখনই সফল হতে পারেনা। কিছুলোক মনে করে যে উপাদান ভালো হলে কোন রকম সঞ্চার ছাড়াও তা সফল হতে পারে। হয়তো এটা সবচেয়ে বড় মিথ্যে, আর এর জন্যই মার্কেট জগৎ সর্বদাই সংঘর্ষ করে চলেছে। মার্কেটিং, জগতের বিখ্যাত কয়েক জন খেলোয়াড় মনে করে যে, যদি কোন ভালো উপাদান সুসজ্জিত প্যাকেটে

বিতরণ করা যায় তবে সে নিজেই মার্কেটে নিজের স্থান গড়ে নিত পারবে। তারা এটা ভুলে যায় যে, যতক্ষণ না সম্ভাব্য উপভোগকারীরা এই জিনিসটা সম্পর্কে জানছে ততক্ষণ তারা বুঝতেই পারবে না যে তারা কি ধরণের উপাদান থেকে বঞ্চিত হচ্ছে।

যদিও এটা দেখতে অস্বাভাবিক লাগে ঠিকই কিন্তু এমন কিছু ভয় আছে যার জন্য শিল্প পতিরা বা কম্পানী গুলি সঞ্চারের ক্ষেত্রে সংকচ বোধ করে, ফলে উপাদানটি ভালো হওয়া সত্ত্বেও তা মার্কেটে চলতে পারেনা।

চার প্রকার অজ্ঞান, ভয় সম্পর্কে নীচে আলোচা করা হল ঃ

1. যদি আমার উপাদানে লোকেদের নজর পড়ে যায় তবে সকলেই জেনে যাবে যে এই উপাদান কতটা ভালো, তখন অন্যান্য প্রতিযোগীরাও মার্কেটে এগিয়ে আসবে ফলে প্রতিযোগীতার সম্মুখিনতা করতে হবে ঃ মার্কেটিং-এর লোকেরা মনে করে যে মার্কেটে যেন এই উপাদান নিয়ে আর কেউ এগিয়ে না আসে। এটা সম্পূর্ণ ভিত্তিহীন ধারণা। এই ধরণের ক্ষেত্রে প্রতিযোগিতার মাধ্যমে একটা শ্রেণী বিকশিত হয়ে ওঠে। এর থেকে সে খুবই লাভবান হবে কারণ সে মার্কেটের বিস্তার করছে।

যদি উপভোগকারীরা আপনার অস্তিত্ব সম্পর্কে ওয়াকি বহাল না হয় তবে আপনার উপাদান সম্পর্কে তারা কখনই বিচার করার সুযোগ পাবেনা। উপভোগকারীদের নজর আকর্ষিত করার জন্য সঞ্চার করাটা খুবই জরুরি।

2. উপাদানের সফলতার জন্য সঞ্চার ও বিজ্ঞাপনের দ্বারা আয়কর বিভাগের জালে জড়িয়ে পড়ার সম্ভাবনা থেকে যায় ঃ সত্যির উপরে আর কিছুই নেই। সর্ব প্রথম বিষয় হল যদি কোন ব্যবসায়ী তার উপাদানকে সফল করে তুলতে চায় তবে তাকে সততার সাথে আয়কর প্রদান করা উচিত। একজন সৎ নাগরিক হিসাবে এটা তার সামাজিক দায়িত্ব। দ্বিতীয় কথা হল, ব্যবসায়ী বা শিল্পপতি যত মামুলিই হোক না কেন, যদি আয়কর বিভাগের নজর তার উপর পড়ে যায় তবে সে কখনই নিজেকে বাঁচাতে পারবে না।

একটা ভালো ব্রাণ্ডের মার্কেটিং সত্যের উপর ভিত্তি করেই গড়ে ওঠে উচিত, যাতে উপভোগকারীরা সেই ব্রাণ্ডকে বিশ্বাস করতে পারে। সত্যি খুঁজে বার করতে উপভোগকারীদের সময় লাগেনা।

3. কোন উপাদানের সঞ্চার করার অর্থ হল, এটা ততটা ভালো নয় যতটা তারা বলছে ঃ মার্কেটিং-এর সাথে সম্পর্কিত লোকেরা ভাবে যে সঞ্চার খারাপ ব্যাপার এবং এই কারণে তারা এই বিষয়ে সংকচ বোধ করে। তাদের মতে উৎপাদনের প্রশংসা করতে গিয়ে তারা অনেক লম্বা-চওড়া কথা বলে যার সঙ্গে উপাদানের কোন সম্পর্কই নেই। এই ধারণা সম্পূর্ণ ভুল। সঞ্চারের ভাষা সর্বদাই সত্য হওয়া উচিত। ব্রাণ্ড থেকে কি ধরনের লাভ পাওয়া সম্ভব, তথ্যের প্রমানাদিই সঞ্চারিত করা উচিত। মার্কেটের এই শ্রেণী এটা বোঝেই না যে প্রভাব সৃষ্টি করার জন্য সঞ্চারের ক্ষেত্রে নৈতিক ভিত্তি থাকা উচিত। একটা মিথ্যের জন্যও যথেষ্ট ক্ষতি হতে পারে, এমনকি সেই ক্ষতি কখনও পূরণ নাও হতে পারে।
4. সঞ্চার খুবই ব্যয় সাপেক্ষ বিজ্ঞাপন পদ্ধতিঃ সত্যের চেয়ে বড় আর কিছু হতেই পারে না। বিজ্ঞাপন, ব্র্যাণ্ডের জন্য যে সঞ্চার করা হয় তারই একটা ছোট অংশ বা তত্ত্ব মাত্র। সঞ্চারের সাথে আরোও বহু তত্ত্ব জড়িয়ে আছে যেগুলি ব্যয় সাপেক্ষ ও আমার সম্পূর্ণ মূল্যহীনও হতে পারে, যেমন নিজের মতন করে বিক্রী, লোকেদের সাথে সম্পর্ক স্হাপন, প্রত্যক্ষ মার্কেটিং, ইভেন্টের ব্যবস্হা করা, সম্পর্ক মার্কেটিং, গ্রহণশীলতা প্রবন্ধন এবং বিক্রী সমর্থন। আমার মতে সঞ্চারের আটটা বিধির মধ্যে মূল্য ভিত্তিক বিজ্ঞাপন খুবই ছোট একটা অংশ।

সঞ্চার খুবই ব্যয় সাপেক্ষ বিষয়, মানুষের মধ্যে এমন একটা ধারণা আছে যার ফলে লোকেরা দ্বন্দ্বে পড়ে যায়। অল্প-বিস্তর খরচা তো হয়ই তাতে কোন সন্দেহ নেই ঠিকই কিন্তু তা বলে প্রচুর টাকা খরচ হয় এমন ধারণাও ঠিক নয়। সময় ও চেষ্টার কোন বিকল্প নেই ঠিকই কিন্তু পরিকল্পনা অনুসারে প্রভাবশালী সঞ্চারের প্রয়োজনকেও অস্বীকার করা যায়না।

এছাড়া সঞ্চার শুধুমাত্র অর্থের উপরেই ভিত্তি করে নেই, তা ক্রমাগত চালিয়ে যেতে হবে। যদি তা না হয়, আপনি যদি দেরীকরে ফেলেন তবে আপনার প্রতিযোগীর আপনাকে পিছনে ফেলে এগিয়ে যাবে। একটা ব্রাণ্ড বা কম্পানীর সাথে উপভোগকারীদের ক্রমাগত সম্পর্ক বজায় থাকার উপরেই সেই ব্রাণ্ডের জীবন নির্ভর করছে। এই সঞ্চারের ক্ষেত্রে কোন রকম সংকোচ বা বাধার সৃষ্টি হলে উপাদান বা সেবা প্রদানকারীর সম্পর্কে চির ধরতে পরে।

কোন উপাদানের সাথে সম্পর্ক গড়ার ব্যাপারে, এই সম্পর্ক বজায় রাখার জন্য, কথাবার্তা বলতে, উপভোগকারীদের প্রয়োজন বুঝতে এবং ব্রাণ্ডর মাধ্যমে উপভোগকারীদের লাভান্বিত করার জন্য সঞ্চার অনিবার্য।

সঞ্চারের মাধ্যমে যে ব্রাণ্ড স্হাপন করা হয় তা বিকশিত করার জন্য খুবই সাবধানতা অবলম্বন করা উচিত। তাই সঞ্চারের ক্ষেত্রে কখনই সংকোচ বোধ করবেন না তা না হলে আপনি সফলতার গাড়ীত চড়তে পারবেন না।

## ব্রাণ্ড মন্ত্র - 6

# লবনের মতন পরিমাণ অনুসারে বিজ্ঞাপনের প্রয়োগ করুন

আপনি যখন খেতে বসেন, এই খাদ্য কিভাবে তৈরী হয়েছে, সেই চিন্তা মাথাতে খুবই কম আসে। আপনার সংবেদনশীল জিভই আপনাকে বলে দেয় যে, সমস্ত মশলা-পাতি সঠিক অনুপাতে ব্যবহৃত হয়েছে কিনা, খাদ্য আস্বাদন করার সময় আপনার মস্তিস্ক কখনই খাদ্যের ভৌতিক বিশ্লেষণ করতে বসে না।

কিন্তু একটু ভেবে দেখুন তো যদি রাঁধুনীর মুড খারাপ থাকত তা হলে কি হত, যদি অজ্ঞাতসারে এক চামচ নুন বেশী দিয়ে দিত ? তাহলে কি একটা ভালো খাবারের স্বাদও নষ্ট হয়ে যেত না ? ব্রাণ্ড নির্মাণের নীতিও সেই একই কথা বলে, এক্ষেত্রে লবনের স্থানে আছে বিজ্ঞাপন। একটু বেশী প্রকাশানার সামগ্রী, প্রয়োজনের থেকে একটা দুটো বেশী বিজ্ঞাপন, আর সেই সাথেই একটা ভারসাম্য যুক্ত মার্কেটিং পরিকল্পনা একেবারে আনন্দ হয়ে যায়।

সেই ধরণের শ্রোতাদেরকেই নিজের উপাদান সম্পর্কে বলা উচিত যাদের কাছে আপনার উপাদানের চাহিদা আছে। অনথ্যায় আপনার বিজ্ঞাপন অন্তঃসার শূন্য বলেই প্রমাণিত হবে।

উপভোগকারীদের লক্ষ্য নিশ্চিত করার জন্য খাদ্যে লবনের মতনই বিজ্ঞাপনের প্রয়োগ করা খুবই গুরুত্ব পূর্ণ এটা সঠিক অনুপাতে হলে

ব্রাণ্ড নির্মাণ নীতি কার্যকারী হতে পারে এবং আপনার ব্রাণ্ড নির্মাণের প্রক্রিয়া প্রবলতার বলে প্রমাণীত হতে পারে। যদি তা প্রয়োজনের বেশী ব্যবহার করেন তবে তা ভোঁতা হওয়ার সম্ভাবনা থেকেই যায়। এটা বলার কোন প্রয়োজনই নেই যে, যদি এমনটা হয় তবে, প্রথম যুদ্ধেই আপনি হেরে যাবেন তাতে কোন সন্দেহ নেই।

যেক্ষেত্রে আমি বিজ্ঞাপনের প্রয়োগ লবনের মতন করা উচিত বলছি সেক্ষেত্রে আমার লক্ষ্য হল এর জন্য হওয়া খরচের দিকে। অপর বিচার হল সঞ্চারের সাথে সম্পর্কিত বিধি ঃ যেমন, ব্যক্তিগত দিক দিয়ে বিক্রী, বিক্রী প্রবন্ধন, জনসাধারণের সাথে সম্পর্ক এবং প্রত্যক্ষ প্রতিক্রিয়া প্রভৃতির সাথে বিজ্ঞাপনের অনুপাত।

উদাহরণ স্বরূপ বলা যায়, দিল্লীর একটা দুধ উৎপাদন কম্পানী নিজেদের উপাদানের বিজ্ঞাপনের জন্য রাষ্ট্রীয় টেলিভিশান চ্যানেল নির্বাচন করেছিল কিন্তু এই দুধ শুধুমাত্র দিল্লীতেই পাওয়া যাচিছল। যার বিতরণ শুধুমাত্র একটা শহরেই সীমাবদ্ধ তার বিজ্ঞাপনের পিছনে কেন এত অর্থ অপচয় করা হয়েছিল তা কেউ জানে না।

রিয়েল ভ্যালু ব্যাক্যুমাইজারের বিজ্ঞাপনের ক্ষেত্রেও এমনি একটা উদাহরণ দেওয়া যায়, বিজ্ঞাপনের পিছনে প্রচুর অর্থ খরচ করে মার্কেটে এটি আনা হয়েছিল। এর আগমন ও প্রাপ্তির সূচনার জন্য রোড ব্লক নীতিরও প্রয়োগ করা হয়েছিল। সমস্ত চ্যানেলে এক সাথে এর গুণগনে করা হয়েছিল। এর নীতি ছিল, এই সময়কার টেলিভিশানের সমস্ত দর্শক এই উৎপাদন সম্পর্কে জানতে পারবে। এই নীতি কি কার্যকারী হয়েছিল? না, কিন্তু এটা বলা যায় যে, অতিরিক্ত বিজ্ঞাপনও ব্রাণ্ড নির্মাণের মজাকে তিক্ত করে দেয়।

অন্যদিকে যে কোন একটা সফল ব্রাণ্ডের দিকে তাকিয়ে দেখুন ও তার বিজ্ঞাপনের পিছনে কত খরচ হয়েছে সেটাও অনুমান করার চেষ্টা করুন। স্পষ্ট রূপে অনুপাতের ব্যাপারটা বুঝতে পারবেন।

হোম ট্রেড নামক একটা ব্রাণ্ড বিখ্যাত লোকেদের দিয়ে টেলিভিশানে বেশ জবরদস্ত বিজ্ঞাপন অভিযান চালিয়েছিল এবং লক্ষাধিক টাকা নষ্টও করেছিল। শেষ পর্যন্ত কম্পানী বন্ধ হয়ে যায়।

আমার মতে কোন সফল ব্রাণ্ড তার বিক্রীর অনুপাতেই বিজ্ঞাপন করে থাকে। একটা ভালো ব্রাণ্ডের পিছনে সর্বদা একটা সংবেদনশীল ও বিবেকপূর্ণ বিজ্ঞাপন দেখা যায় এবং সেটি হয় খুবই পরিকল্পনা মাফিক ও দৃঢ় ভিত্তির উপর নির্ভর করে।

অন্য বিচার ধারা অনুসারে বলা যায়, সঞ্চারের অন্যান্য বিধির মতনই বিজ্ঞাপনের প্রয়োগ করা উচিত। সঞ্চারের ভেতরে আরো বহু শাস্ত্র আছে যেগুলির প্রয়োগ প্রভাবশালী রূপে করা যায়। বিজ্ঞাপনের সাথে এই অন্য বিধি গুলির কথাও মাথায় রাখা উচিত।

এক ঔষধের কম্পানী বিজ্ঞাপনের পিছনে এতই খরচ করে ফেলেছিল যে 'ওভয় দ্যা কাউন্টার' শ্রেণীর বিক্রী ক্রয়ের স্টাফদেরকে দেওয়ার মতন পয়সা কম্পানীর কাছে ছিল না। সম্প্রতি একটা অন্তঃরাষ্ট্রীয় কোরিয়ার কম্পনী বিজ্ঞাপনের আড়ম্বর মাত্রায় কমিয়ে দেওয়ায় তার প্রভাবও বৃদ্ধি পেয়েছে সেই সঙ্গে খরচও কমেছে।

অন্য আর একটি ব্রাণ্ড সৃজনশীল বিচারধারা এবং মিডিয়ার পিছনে কম খরচ করার জন্য সফল হতে পেরেছে।

এমন বহু সফল ব্রাণ্ডের উদাহরণ দেওয়া যায়, যারা কিনা লবনের মতন বিজ্ঞাপনের ব্যবহার করে সফলতার শিখরে উঠে বসেছে। ভারতে 1999 থেকে 2000 সালের মধ্যে বহু ওটকম.কম্পানী বহু বাজে খরচ করেছ, কিন্তু অন্যদ্দিকে ফ্যানমার্ট, কন্ট্যাস্ট 2 উইন.কম. এবং হাঙ্গামা.কম প্রভৃতি কম্পানী গুলি বিজ্ঞাপনের পিছনে কম খরচ করেও মানুষের ভেতরে সচেতনতা জাগাতে সক্ষম হয়েছিল এবং তাদের বাজারও যথেষ্টই ভালো।

তাই ব্রাণ্ড নির্মাণের ক্ষেত্রে ভেবে চিন্তেই বিজ্ঞাপনের প্রয়োগ করা উচিত। তবে এটাও ঠিক যে, বিজ্ঞাপন ছাড়া ব্রাণ্ড নির্মাণ নুন ছাড়া খাদ্যের মতন হয়ে যাবে। সঠিক অনুপাতে ব্যবহার করার মধ্যেই লুকিয়ে আছে প্রকৃত কলা।

## ব্রাণ্ড-মন্ত্র - 7

# যে দেখায় যায় তাই বিক্রী হয়

যে দেখায়, সে সে বিক্রী হয়। তাই যারা নিজেদের ব্রাণ্ড কে উন্নত-তর রূপে প্রদর্শিত করতে পারে, তারা অনেক বেশী সাচছান্দ্যে থাকতে পারে।

জিনিসপত্র হোক বা সেবা, তা মার্কেটে পদার্পন করাই যথেষ্ট নয়। আপনার উপস্হিতির কথা লোকেদের জানতেইহবে। আমাদের মধ্যে বেশীর ভাগ লোকেরা সেটাই দেখে যা আমরা দেখাতে চাই। কোন ব্রাণ্ডের দিকে আমাদের নজর তখনই পড়ে যখন কেউ সেদিকে দেখানোর চেস্টা করে। কোন জিনিস দরকার হলেও তা আমাদের চোখে তখনই পড়ে যখন কেউ তার সম্পর্কে আমাদের বলে দেয়।

আসলে আমাদের সামনে এমন কোন খোলা থাকে না যা আমাদের সন্তুষ্টি প্রদান করেত পারে, তাই আমরা সেদিকে নজর দিই না। ব্রাণ্ড নিজের থেকে লাফ দিয়ে আমাদের ব্যাগে এসে পড়ে এবং নিজেকে আমাদের কাছে বিকিয়ে দেওয়ার ব্যাপারটা একবোরেই আলাদা।

এখন আমি ব্রাণ্ড মন্ত্র 'দেখায়' সম্পর্কে আলোচনা করব। এই দেখানো কোন আকস্মিক ব্যাপার নয়, আপনি দেখেই বলবেন, "বাঃ!" এই তো! দেখো! দেখ কৌটর পিছন থেকে উঁকি দিচেছ। আরে। এটাই তো আমার চাই।"

ব্রিটেনিয়া কোন রকম তুক্-তাক্ করে হিট্ হয়নি সারা দেশে নিজের

উপস্হিতি বজায় রাখার পিছনে যথেস্ট কৌশল ও নীতি উপস্হিতি বজায় রাখার পিছনে যথেষ্ট কৌশল ও নীতির প্রয়োগ বিদ্যমান। এটা ময়ূরের মতন গর্বের সাথে মাথা তুলে দাঁড়িয়ে আছে এবং নিজেকে আকর্ষণের কেন্দ্রবিন্দু করে তুলেছে। এটা এমন একটা ব্রাণ্ড যা 1990-এর শুরুতে পদার্পন করে বছরের মধ্যে সময় পর্যন্ত নিষ্ক্রিয় থাকে এবং, বছরের শেষে হঠাৎ করে সকলের প্রিয় হয়ে ওঠে।

2008-09 এই আর্থিক বছরে এর উপস্হিতিই প্রমাণ করে দেয় যে এই ব্রাণ্ডের কথা সকলের মাথাতেই আছে।

আপনি টি.ভি.তে এই নতুন ব্রাণ্ডের কথা অবশ্যই শুনেছেন। এর সম্পর্কে সব কিছু পড়েছেন। কিন্তু সবচেয়ে গুরুত্বপূর্ণ বিষয় হল, যখন দোকানে বিস্কুট কিনতে গেছেন তখনই দোকানে ব্রিটানিয়া চোখে পড়েছে।

সামনেই ব্রিটানিয়ার রঙিন প্যাকেট গুলো দেখা যেত। অনেক সময় অন্য কোন ব্রাণ্ডের বিস্কুট কেনার কথা মনে এলেও ব্রিটানিয়ার সুস্বাদু প্যাকেট তার স্বাদের কথা মনে করিয়ে দিয়ে আপনার সাথে আপনার বাড়ীতে চলে আসে। সামনে থাক ব্রাণ্ডই প্রকৃত পক্ষে আপনার মোহ আকর্ষিত করতে সক্ষম হয়।

সম্প্রতি আইটিসি মার্কেটে যে সানফিস্ট বিস্কুট এবং বিশেষ স্ন্যাক্স নিয়ে এসেছে তা যথেস্ট পরিমাণে বিক্রিও হচেছ, সানফিস্ট এবং স্ন্যাক্স লোকেদের চোখে পড়ছে বলেই তা এত বিক্রি হচেছ।

বিসলেরীর নতুন প্যাকের সম্পর্কেও আলোচনা করা যায়, এই প্যাক ঔষধের দোকান থেকে শুরু করে দোকান, মল, ধাবা, সাইড স্টার হোটেল এমনকি এয়ারপোর্টে পর্যন্ত চোখে পড়ে। সর্বত্র বিসলেরী দেখতে পাওয়ার জন্য এর বিক্রীরও যথেস্ট বেশী পরিমাণে হয়।

এমন নবনীত পাবলিকেশানের ব্রাণ্ডের ব্যাপারটাই দেখুন, শিক্ষনীয় পুস্তক এবং শিক্ষার সামগ্রীর জন্য এটা ভারতর অগ্রনী কম্পানী। গত চল্লিশ বছর ধরে পশ্চিম ভারতের স্কুলের বাচ্চারা এখানকার প্রকাশিত বইই পড়ে চলেছে। তবুও ব্রাণ্ড হিসাবে নবনীতের স্হান কোথায়? পরবর্তী বছর গুলিতেও এটা কাজে লাগবে কি? এটা মস্তিস্কে সামান্য স্হান করতে সক্ষম হলেও এর মধ্যে বেশ কিছু রুচি সম্পন্ন বিষয়ও

অন্তর্ভুক্ত আছে।

তাহলে এর সফলতার মন্ত্র কি? বিক্রির জন্য চোখে পড়া খুবই আবশ্যক। চোখে পড়ার জন্য এরা যথেষ্ট কষ্ট করেছে। তাদের উপাদান যাতে সকলের মনে স্হান করে নিতে পারে তার জন্য তারা সবার আগে প্রচুর মাল স্টক করে নিয়েছিল। মার্কেটে নবনীতের বাচ্চাদের গল্প, শিক্ষার্থীদের জন্য পাঠ্য পুস্তক, নবনীত শিক্ষা সামগ্রী, এবং রাইটিং, প্যাড প্রভৃতি পাওয়া যায়। তারপর বাজারে আসে নবনীতের ফ্রাঞ্চাইজ আউটলেট। নবনীতের প্রত্যেকটা উপাদানের মধ্যে ছিল সততা।

হঠাৎই নবনীত 21 সেট আনসর্জের থেকে অনেক উপরে উঠে যায় এবং বাচ্চাদের পরম বন্ধু হয়ে ওঠে। নবনীতে এই পরিবর্তন কিভাবে আসে? প্রকৃতপক্ষে এক বিরাট পরিবর্তন এসেছে। আসল কথা হল, নবনীতের সফলতার পিছনে রয়েছে চোখে পড়ার মাহত্ব।

নবনীতের গল্পের দ্বিতীয় অংশের সাথে জুড়ে রয়েছে ডিসপ্যান্সর। এটি খুবই সাধারণ একটা বস্ত্ত, যা যে কোন মুদিখানাতেও দেখতে পাওয়া যায়। নবনীত প্রদত্ত ডিসপ্যান্সর এতটাই সুন্দর ছিল, যে তা আপনার ধ্যান আকর্ষণ করবেই। এটা এতটাই আকর্ষক ছিল যে তা বাচ্চাদের আলোচনার বিষয় বস্ত্ত হয়ে উঠেছিল। যখনই বাচ্চারা বাবা-মায়ের সাথে কোন দোকানে যেত তখন এই ডিসপ্যান্সের দেখতে পেলেই বাচ্চারা তা নেওয়ার জন্য উদ্‌গ্রিব হয়ে উঠতো। দামও এতটাই কম ছিল যে মায়েদের বাচ্চাকে কিনে দিতে কোন অসুবিধাই হত না। এইভাবে নবনীত বাচ্চাদের মন ও বাবা-মায়ের বিশ্বাস অর্জন করতে সক্ষম হয়েছিল। আজ যে নবনীত জবদস্ত ব্যবসা করে চলেছে সেটা শুনে অবাক লাগার কিছু নেই, এমনকি এদের শেয়ারের দাম শুধুমাত্র বৃদ্ধিই পাচেছ না, এদের শেয়ার মার্কেটে পছন্দের শেয়ার হয়ে উঠেছে।

গয়নার জগতে ডি ডমাস, নক্ষত্র, অস্‌মী, কিসনা এবং তানিশক প্রভৃতি প্রচুর নাম করেছে, এর পিছনেও রয়েছে সেই চোখে পড়ার নীতি।

নেটে রেডিফের বিষয়চিত্ত অনেকটা এমনই। যখন তথ্য প্রযুক্তিকে বেশ বড় এবং সাধারণ মানুষের ধরা ছোঁয়ার বাহিরে বলে মনে করা হোত তখন থেকে এই ওয়েবসাইট বাজারে বিদ্যমান। রেডিফ কখনই অপরের

উন্নতিতে ইর্যা করেনি বা তাদের দিকে হাতিয়ারও মারতে চাইনি দৃঢ়তার সাথে নিজের স্হান বজায় রেখেছে এবং সুযোগের সদ্ব্যবহার করে গেছে। পরিণাম স্বরূপ সময়ের পরিবর্তনের সাথে-সাথে একশোর বেশী প্রতিদ্বন্দ্বি থাকা সত্ত্বেও রেডিফ নিজের স্হান সর্বত্র বিস্তৃত করে রেখেছে।

কে বা কি মস্তিস্কে ঘর করে নিতে চাইছে তা দিয়ে কিছু যায় আসেনা। যাই হোক বা সেই হোক, একজন ফিল্ম স্টার, এফএমসীজীর কোন উপাদান বা তথ্য প্রযুক্তির সাথে সম্পর্কিত কোন সেবা। একটা কথা মনে রাখতেই হবে 'যা দেখা যায়, তাই বিক্রী হয়।' যখন উপভোগকারীরা কোন জিনিস কেনার কথা ভাবে, কোন দ্রব্য বিক্রী হওয়ার জন্য, তখন তা চোখে পড়া খুবই আবশ্যক। যদি জিনিস কেনার কথা আগেই মাথায় থেকে থাকে তবে মনে করিয়ে দেওয়ার জন্যও এটা খুবই সাহায্য করে থাকে।

কোন জিনিস খুব বেশী করে চোখে পড়লে, ক্রেতারা মনে করে যে এই জিনিসটা খুবই বিক্রী হচ্ছে। যদি তা সফল হয় তবে তার অর্থ হল প্রতিটা মানুষ তা কিনছে। আর যদি সকলেই তা কেনে তবে আর আমিই বা পিছিয়ে থাকি না, এই ভাবনা মাথায় আস নিশ্চিত। একেই বলে গড্ডালিকা প্রবাহ। তাই ব্রাণ্ড সকলের চোখে পড়াটা খুবই প্রয়োজনীয়, কোন কোথায় লুকিয়ে থাকলে তা কেউই খুঁজে বার করবে না।

আমি পুণরায় বলতে চাই, "যা দেখা যায়, তাই বিক্রী হয়।"

## ব্রাণ্ড মন্ত্র - ৪

# ব্রাণ্ডের প্রতিচ্ছবি খুবই নরম এতে সাবধানতা অবলম্বন করুন

একটা ব্রাণ্ড তৈরী করার জন্য সারা জীবন লাগলেও, সামান্যতম অসাবধানতাই তাকে ভেঙে খান্ খান্, করে দিতে পারে।

কোন ব্রাণ্ড নির্মাতা তার ব্রাণ্ড তৈরীর জন্য অকথ্য পরিশ্রম করে এবং এর দ্বারাই তার উপাদান উত্তম মানের হবে কিনা বা প্রদেয় সেবা উচ্চমানের হবে কিনা তা নিশ্চিত হয়। এটাও কোন ব্যক্তির চরিত্রের মতনই যা বছরের পর বছর ধরে তৈরী হয়, অথচ ভুল বশত কোন কাজ করে ফেললে সেই প্রতিচ্ছবি ভেঙে টুকরো-টুকরো হয়ে যায়।

আজকের বিখ্যাত ব্রাণ্ড, যাতে কালকের অতল অন্ধকারে ডুবে না যায়, তার জন্য এক উচ্চমানের ব্যবস্হাপক থাকা খুবই জরুরি। ব্রাণ্ডের নির্মাণ যেমন তার হাতে তেমনি বিপদেও তাকে সাহায্য করার দায়িত্ব তারাই। আপনি যদি কোন ব্রাণ্ডের ব্যবস্হাপক হন তবে তাকে তাদের-যত্নে পালন-পোষণ করার দায়িত্ব তারই।

আসুন দেখা যাক্, কয়েক বছর আগে ফিলিপীজে সফ্ট ড্রিঙ্ক জগতের প্রসিদ্ধ ব্রাণ্ড পেপসির সাথে কি হয়েছিল। এক প্রোমোশান নীতি অনুসারে, যে গ্রাহক বিশেষ চিহ্ন যুক্ত ঢাকনি পাবে তাকে বেশ বড়-সড় পুরস্কার প্রদানের কথা ছিল। এমন ঢাকনা ছিল শুধুমাত্র একটাই। কিন্তু উৎপাদন স্হলে কোন ভুল বশত সেই চিহ্ন যুক্ত ঢাকনা এত গুলো

বেরিয়ে আসে যে প্রায়ই সব গ্রাহকই উপাহারের দাবীদার হয়ে ওঠে।

ব্রাণ্ডের অবস্থা এতই খারাপ হয়ে যায় যে পরিস্থিতি নিয়ন্ত্রণের জন্য ফিলিপীজ সরকারকে হস্তক্ষেপ করতে হয়েছিল। প্রতিবেশী দেশ গুলিতেও সেই একই পরিস্থিতি তৈরী হওয়াটাই স্বাভাবিক ছিল, কিন্তু প্রচণ্ড সাবধানতা অবলম্বন করা হয়েছিল বলে আশেপাশের দেশ গুলির ক্ষেত্রে রেহাই পাওয়া সম্ভব হলে ফিলিপিজের অবস্থা এমনই শোচনীয় হয়ে উঠেছিল যে কঠোর পরিশ্রমের পরেও সেখানকার ব্রাণ্ডের অস্তিত্ব ভেঙে খান্-খান হয়ে যায়। এখন এই সফ্ট ড্রিঙ্ক কম্পানীকে নিজের হারানো অস্তিত্ব ফিরে পেতে কত সময় লাগবে তা কেউ বলতে পারেনা।

ফ্রান্স এবং লগ্‌জমবর্গে কোকের সাথেও প্রায় এমনি ঘটনা খেটে ছিল। ব্রাণ্ডকে মার্কেট থেকে সরাতে হয়েছিল এবং সেই সাথে ব্রাণ্ডের ইক্ষি টীকে আরোও বেশী ক্ষতির হাত থেকে বাঁচানোর জন্য ক্ষতি পূর্তি মাপদণ্ড গ্রহণ করতে হয়েছিল।

অন্তঃরাষ্ট্রীয় বাজারে বাচ্চাদের খেলনার গুণনা নিয়ে যে হৈ চৈ সৃষ্টি হয়েছিল তাতে তার বিক্রীর ক্ষেত্রে যথেস্ট নেতিবাচক প্রভাব সৃষ্টি হয়েছিল।

ভারতে দুধ উৎপাদন কম্পানী তাদের কোমল প্রতিচ্ছবি ভাঙার ব্যাপারে খুবই সংবেদনশীল। খাদ্য পদার্থের শ্রেণীতে আপনার গুণমান কতটা ভালো শুধু তইই দেখা হয়না বরং আপনি কতটা ঠিক রাখার চেস্টা করছেন তাও দেখা হয়। দুধের প্যাকেট অতি সহজেই নষ্ট করে দেওয়া যায়, সেই কারণে দুধ উপাদনের ব্যবস্হাপকরা তার ও প্যাকিং এবং বিতরণের দিকে বিশেষ খেয়াল রাখে। এর কারণ হল, বিন্দু মাত্র দূষণের আঁ-চ পাওয়া গেলেই বহু বছরের পরিশ্রম সম্পূর্ণ বেকার হয়ে যায়।

মিনারেল ওয়াটারও এই একই শ্রেণীতে পড়ে। তাই ভারতের অগ্রগণ্য মিনারেল ওয়াটারের কম্পানী বিসলেরী সীল করা প্যাকেট মার্কেটে ছাড়ে, যাতে তা নস্ট করা না যায়। এরপরু বিসলেরী বিক্রী বহুগুণ বৃদ্ধি পেয়েছে, তাতে কোন সন্দেহই নেই।

এমনকি সেবা প্রদানের ক্ষেত্রেও তাদের কোমল প্রতিচ্ছবি টিকিয়ে

রাখার জন্য সাবধানতা অবলম্বন করতে হয়। কোন বিমান কম্পানীর বিমান যদি ভুল পন্থায় ওড়ে বা যদি তা ল্যাণ্ড করতে সমস্যার সৃষ্টি হয় তবে ব্রাণ্ড নির্মাণের সমস্ত কষ্ট বেকার হয়ে যেতে পরে। ব্রাণ্ডের উপর ক্রমাগত নজর রাখলে ব্রাণ্ডের প্রতিচ্ছবি দৃঢ় হয়ে উঠতে পারে। তা সত্ত্বেও অনেকেই ব্রাণ্ড উন্নত হওয়ার আগেই তার ধ্বংসের মুখ দেখতে হয়। অনেক ক্ষেত্রে এর কারণ হল দুর্বল সঞ্চার নীতি। অন্য এক ক্ষেত্রে নিম্ন শ্রেণীর গ্রাহক সেবাকেই দোষী বলে ধরা হয়।

বর্তমান যুগে অন্তঃরাষ্ট্রীয় স্তরের বিখ্যাত কার নির্মাণ কম্পানী ফোর্ডের উদাহরণ দেখা যেতে পারে, টায়ার খারাপ থাকার জন্য বহু কার ফিরিয়ে নিতে হয়েছিল। এতে সে শুধুমাত্র ফোর্ডের প্রতিচ্ছবিই ধোঁয়াটে হয়েছিল তাই নয় বরং টায়ার নির্মাতা ফায়রস্টোনকেও ভুগতে হয়েছিল।

এমনকি বহু বিখ্যাত মানুষকেও নিজেদের ইমেজ নিয়ে মাথা ঘামাতে হয়। মুখ থেকে ভুল বশতঃ কোন অপ শব্দ বেরিয়ে গেলে তার জন্য জনতার সামনে তার প্রতিচ্ছবি ধোঁয়াটে হয়ে যায়।

তাই কোন ব্যক্তি যে ভাবে নিজের ইমেজের কথা ভাবে সেই ভাবেই কোন ব্রাণ্ডকে নিজের প্রতিচ্ছবি নিয়ে চিন্তা করতে হবে। সাবধানতা অবলম্বন আবশ্যক এবং অবলম্বন করা প্রতিটা সাবধানতাই যেন ব্রাণ্ডের ছবিকে অটুট রাখতে পারে।

## ব্রাণ্ড মন্ত্র - 9

# উপভোগকারীদের প্রয়োজনকে প্রাথমিকতা দিন

1994 সালে পশ্চিম ভারতের সুরাটে প্লেগ রোগে পাদুর্ভাব দেখা গেছিল। মহামারীতে বহু লোক মারা যায়। যারা বেঁচে ছিল তারাও খুবই অসুস্থ ছিল, স্বচ্ছ জলের অভাব দেখা গিয়েছিল। জল বাহিত কোন অসুখ যাতে পুণরায় ছড়িয়ে না পরে তা রোধ করার জন্য প্রচুর পরিমানে মিনারেল ওয়াটারের আবশ্যকতা ছিল।

এমন অবস্থায় মিনারেল ওয়াটার কম্পানী গুলি নিজেদের লাভের কথা ভুলে সুস্থ মানুষদের সাহায্য করাই প্রধান দায়িত্ব হয়ে ওঠা উচিত ছিল, জলের মূল্য বৃদ্ধি না করে নিরন্তর জল প্রদান করাই তাদের প্রধান কর্তব্য হয়ে উঠেছিল। মার্কেটের প্রধান দুটো কম্পানী বিসলেরী ও বেলী, দুপক্ষেই সংকটের সময় খুবই সাহায্য করেছিল। তারা লোকেদের প্রয়োজন পূরণের দিকেই নজর দিয়েছিল। সেই সাথে তারা সামান্যতম মূল্য বৃদ্ধি না করেই ক্রমাগত জলের অভাব পূরণ করে গেছে। তারা কম সময়ের অর্থ লাভকে দীর্ঘকালীন ব্রাণ্ড ইকভিটীনেত পরিবর্তিত করেছিল। দুটি ব্রাণ্ডই প্রচুর পরিমাণে উপভোগকারী তৈরী করতে সক্ষম হয়েছিল।

ব্রাণ্ড নির্মাণের ক্ষেত্রে উপভোগকারীদের প্রয়োজনের ব্যাপারটাকেই সবচেয়ে বেশী গুরুত্ব দেওয়া উচিত।

কোন এক সময়ে ভারতীয় বাজারে আমূল বাটারের চাহিদা এতই

বেশী ছিল যে কম্পানী চাহিদা পূরণ করে উঠতে পারত না। এরকম অবস্হায় যে সমস্ত ক্রেতারা কালো বাজারেও সাধারণ মূল্য দিতে চায় তাদের জন্য খুবই অসুবিধার সৃষ্টি হয়। এই সময় যাতে লেন-দেন ঠিক মতন চলে কম্পানীর সেটাই দেখা উচিত, যাতে কোন সুযোগের সদ্ব্যবহার করতে না পারে সে দিকে দেখা উচিত। এই কারণেই আমূলকে একটা দায়িত্ব পূর্ণ ব্রাণ্ড বলে ধরা হয়। সাধারণ যে সমস্ত ব্রাণ্ড গ্রাহকদের প্রয়োজনের দিকে নজর দেয় তারাই নাম অর্জন করতে পারে। লোভ আর লাভের বিষয়টা একটা সীমার মধ্যেই গণ্ডী বদ্ধ। এই ধরণের পরিস্হিতির হাত থেকে বাঁচার জন্য ব্রাণ্ডের সমস্ত প্রণালী গুলি সুচারু ঢঙে কাজ করা উচিত।

কিছু ব্রাণ্ড গুণগত মান খারাপ করার মতন ভুল করে বসে। এটা খুবই বিপদজনক বিষয়, যার পরিণাম খুবই মারাত্মক হতে পারে। আর্থিক লাভের জন্য উপভোগকারীদের প্রয়োজন নিয়ে কখনই ছিনিমিনি খেলা উচিত না। ব্রাণ্ড টিঁকে থাকে বিশ্বাসের উপর আর এই বিশ্বাসই বড়-বড় কম্পানী তৈরী করে ও মানুষের চাহিদা পূরণ করে। পৃথিবীর মধ্যে সবচেয়ে বেশী বিক্রী হয় পারলে-জী কম্পানীর বিস্কুট, কারণ এরা উপভোগকারীদের প্রয়োজন পূরণ করতে জানে, এদের বিস্কুট যেমন সুস্বাদু তেমন শরীরের জন্য লাভবান ও শক্তি প্রদেয়ক। উপভোগকারীদের সন্তুষ্টি দানের মধ্যে নিজেদেরকে পছন্দের বড় ব্রাণ্ড হিসাবে স্হাপন করতে সক্ষম হয়েছে।

যে কোন ব্রাণ্ডের জন্য লাভ অর্জন করাটা খুবই জরুরী। কিন্তু অনুচিত উপায়ে তা অর্জন করা ঠিক নয়। এই বিষয়টি সেই সমস্ত সেবা-প্রদানকারীদের ক্ষেত্রেও জরুরী যারা লোভে অন্ধ হয়ে সেবার থেকে প্রয়োজনীয় বিষয় গুলিকেই সরিয়ে ফেলে।

মোবাইল ফোন কম্পানী গুলি অতিরিক্ত লোভের জন্য তাদেরকে ফল ভোগ করতে হয়েছে। যখন এই শ্রেণী মার্কেটে পা রেখেছিল তখন মোবাইল ফোনের দাম ছিল আকাশ ছোঁয়া 40,000 থেকে 50,000-এর মধ্যে এবং কলে রেট ছিল প্রতি মিনিটে 17 টাকা। যদি শুরুতেই মোবাইল কম্পানী গুলি ভারতে বুদ্ধির সাথে কাজ করতো তবে আজ

দাম কমিয়ে কঠোর প্রতিযোগিতার সম্মুখীনতা করতে হতো না, আজ উপভোগকারীদের প্রয়োজন পূরণ করে রমরমিয়ে ব্যবসা করতে পারতো।

হ্যাণ্ড সেটের দাম কমানোর ফলে নোকিয়ার মতন দায়িত্বপূর্ণ ব্রাণ্ডও 2000 টাকায় হ্যাণ্ড সেট বার করার ফলে উপভোগকারীর সংখ্যা অনেক বৃদ্ধি পেয়েছে এবং মোবাইল মার্কেটিং-এর দিক থেকে ভারত আজ চতুর্থ স্হান অধিকার করেছে। মোবাইল সেবা প্রদানকারীরাও প্রচুর সুযোগ-সুবিধা দেওয়ার ফলে বাজার খুবই বিকশিত হয়েছে।

কোন উপাদান বা সেবার গুণগত মান নিয়ে কখনই বোঝা পড়া করা উচিত না, এতে উপভোগকারীরা ব্রাণ্ড পরিবর্তন করতে পারে।

জনসন এ্যাণ্ড জনসন তাদের স্যানেটরী ন্যাপকিন কেয়ারফ্রী ও স্টেফ্রীর মূল্য ক্রমাগত বৃদ্ধি করার কারণে খুবই ক্ষতির সম্মুখীনতা করতে হয়েছিল। কম্পানীর লোভে অসহ্য হয়ে উপভোগকারীরা অন্য ব্রাণ্ড হুইসপারের দিকে আকর্ষিত হয়, এর গুণগত মানও ছিল উত্তম প্রকৃতির। পী এ্যাণ্ড জী ব্রাণ্ডও সঞ্চার নীতির মাধ্যমে কুশলতার সাথে তাদের গুণের কথাই বলে। এই ভাবে হুইসপার জে এ্যাণ্ড জে-র থেকে মার্কেট ছিনিয়ে নিয়েছিল।

উপভোগকারীদের প্রয়োজন বিভিন্ন এবং সময়ের পরিবর্তনের সাথে সাথে তা বদলাতে থাকে। অনেক ক্ষেত্রে উপভোগকারীরা সঞ্চয়ের কথা ভাবলেও অনেক সময় তারা ছবিও ও স্টাইলের পিছনে দৌড়ায়। কখনও এমনও হয় যখন উপভোগকারীরা নিজেদের খিদে তেস্টা নিবারণ করতে চায়, আবার অনেক সময় তারা চায় ছোট বড় সমস্যার সমাধান করতে।

শেষ পর্যন্ত জে এ্যাণ্ড জে ব্রাণ্ড উপভোগকারীদের প্রয়োজন পূরণ করার জন্য নুতন করে শুরু করে এবং ম্যানেটরী ন্যাপকিন ব্রাণ্ডের পুনর্নিমান করে।

1. **উপভোগকারীদের বিশেষ প্রয়োজনকে চেনা খুবই জরুরী ঃ** নোকিয়া তার মোবাইল ফোন মডেল 'মেড ফর ইণ্ডিয়া'-তে টর্চের সুবিধা দিয়ে ভারতীয় উপভোগকারীদের বিশেষ প্রয়োজন পূরণ করতে সক্ষম হয়েছে। আসলে এই কোম্পানী জানে যে, ভারতের

ছোট ছোট গ্রামে বৈদ্যুতিক সমস্যা খুবই সাধারণ ব্যাপার, ফলে মোবাইলে টর্চের সুবিধা দিয়ে তা খুব সাধারণ মানুষদের কাছে খুবই সহায়ক হয়ে উঠেছে। এতে শুধু দেশের লোকেরা সংযোজিতই হয়নি লক্ষ-লক্ষ ঘরে আলোও পৌঁছে গেছে।

2. **কোন বিশেষ প্রয়োজন পূরণ করার জন্য সঠিক উৎপাদন ও সেবা প্রস্তুত করা খুবই জরুরী ঃ** বিশ্বের অন্যতম বিখ্যাত কম্পানী হল ম্যাক-ডোনাল্ড কিন্তু ভারতে আসার সাথে-সাথে এই কম্পানী 'হোম-ডিলিভারী'-র জন্য ব্যাপারে ভারতীয় ক্রেতাদের প্রয়োজনের কথা মাথায় রেখে সেবা প্রস্তুত করেছিল। এটি ভারতীয় উপভোগকারীদের জন্য ম্যাক ডিলিভারী শুরু করে। এই সেবা ছিল ভারতীয়দের কাছে একেবারেই নতুন ফলে তারা সেটিকে স্বাগত জানায়।

3. **উপভোগকারীদের সন্তুষ্টি প্রদান খুবই জরুরী ঃ** তাজ গ্রুপসের হোটেলগুলির গ্রাহকদের সন্তুষ্টিকেই নিজেদের লক্ষ্য করে তুলেছে এবং ক্রমাগত ভালো এবং উন্নত শ্রেণীর সেবা প্রদান করে ভারতের হোটেল গুলির মধ্যে এক নম্বর স্হান দখল করে ফেলেছে।

4. **লাভের দিকেও ধ্যান দিন ঃ** উপভোগকারীদের প্রয়োজন বোঝা, তা পূরণ করা এবং তাদের সন্তুষ্ট করার সাথে সাথে লাভ অর্জনের ব্যাপারেও নজর দিতে হবে। এক্ষেত্রে পিডিলাইট ইণ্ডাস্ট্রীজের উদাহরণ উল্লেখ করতেই হয়, এটি ফেবিকল, এক্রান রঙ্গীলা, ডঃ ফিক্সিট এবং এম-সীলের মতন অদ্ভূত ব্রাণ্ড পেশ করেছে। কম্পানী উপভোগকারীদের চাহিদা পূরণ করেছে ও লাভ অর্জন করেছে।

এই চারটে সূত্র শুধু অনুসরণ করলেই চলবেনা, এই সূত্র গুলিকে উচিত ক্রমে ও সঠিক অনুপাতে অনুসরণ করতে হবে।

## ব্রাণ্ড মন্ত্র - 10

# নিজেকে দুর্বল করবেন না

উপাদানের মূল্য নিয়ে প্রায়ই ব্রাণ্ড নির্মাতাদের মধ্যে দ্বিধার সৃষ্টি হয়। তাদের মস্তিষ্কে অসংখ্য প্রশ্ন উঁকি দেয়। উপাদানের প্রীমিয়াম মূল্য হওয়া উচিত কি ? নাকি কোন প্রচলিত মূল্য নির্ধারণ নীতিই ঠিক থাকবে ? মূল্যও কম খরচের মধ্যে কি সম্পর্ক থাকা উচিত ? মূল্যে বৃদ্ধি পাওয়া উচিত কি, যদি হ্যাঁ, তবে কবে এবং কতটা ? মূল্য কম রেখে বিক্রীতে বৃদ্ধি আনা সম্ভব কি ?

প্রশ্ন, প্রশ্ন, আর প্রশ্ন। এই সমস্ত প্রশ্নের উত্তর উপাদানের দাম কমে গিয়েই ঠেকে।

কিন্তু আমার মতে এই নীতি সঠিক নয়। কারণ কম মূল্যের থেকেও অধিক গুরুত্বপূর্ণ হল সঠিক ও উচিত মূল্য। এই ব্যাপারে তিনটে উদাহরণের দিকে লক্ষ্য করা যায়। প্রথমটা ইকোল মোণ্ডিয়াল ওয়ার্ল্ড স্কুলের, দ্বিতীয়টি 1990 সালের মধ্যবর্তী সময়ে আগত ওঞ্জস অরেঞ্জ জুসের এবং তৃতীয় উদাহরণটি হল দ্যা ক্লাব, যাকে মুম্বাই নগরীর অন্যতম সুবিধা বলে ধরা হয়।

এই তিনটি ব্রাণ্ডই আর্থিক বছর 2008-9-এ ফুলে ফেঁপে উঠেছে এবং খুবই ভালো প্রদর্শন করতে সক্ষম হয়েছে।

## উদাহরণ ঃ 1

ইকোল মোণ্ডিয়ল প্রারম্ভিক শিক্ষার ক্ষেত্রে আইবী দ্বারা মান্যতা প্রাপ্ত স্কুল, এখানে প্রাইমারী ইয়রজ প্রোগ্রাম, মিডল ইয়র প্রোগ্রাম এবং ডিপ্লোমা প্রোগ্রাম-এর বিষয় পড়ানো হয়। উন্নততর সুবিধা এবং খুবই ভালো স্টাফ যুক্ত এই অন্তঃরাষ্ট্রীয় স্কুল নিজের মূল্য কম নিরুপন করেনি গত চার বছর আগে এই স্কুল শুরু হয়েছিল, বর্তমানে এর মূল্য 270% বৃদ্ধি পেয়েছে। প্রথম বছরেই এই স্কুল নাসারী এবং কিণ্ডরগারডনের জন্য প্রতি বছরে 3-9 লক্ষ টাকা, ওয়ান থেকে টেন পর্যন্ত ক্লাসের জন্য প্রতি বছর 4.9 লক্ষ এবং +1 এবং +2 এর জন্য প্রতি বছরে 5-9 লক্ষ্য টা ফিস নির্ধারিত করেছিল।

দ্বিতীয় বছরেই ফীস বৃদ্ধি পেয়ে প্রতিবছরে 4-9 লক্ষ, 5-9 লক্ষ এবং 6-9 লক্ষ টাকায় দাঁড়ায়। তৃতীয় বছরে ফিস 5-9 লক্ষ 6-9 লক্ষ এবং 7-9 লক্ষ পৌঁছে যায়। এই স্কুল যে শুধুমাত্র উন্নততর সেবা এবং ভালো স্টাফেরই ব্যবস্হা রেখেছে তাই নয়, বর্তমানে এটা শুধু ভারতেরই নয় পৃথিবীর ভালো স্কুল গুলির মধ্যে অন্যতম স্হান দখল করেছে। আজ ইকোল মোণ্ডিয়াল ওয়ার্ল্ড স্কুল চেন্নাই, কোলকাতা, আমেদাবাদ ও চণ্ডীগড়ে তাদের ব্রাঞ্চ খোলার কথা ভাবছে। মূল্য নির্ধারণের নীতির উপর ভরসা করে তারা বিদ্যার্থী-এর শিক্ষকদের মধ্যে এবং সুদৃঢ় অনুপাত গড়তে সফল হয়েছে। সাত জন বিদ্যার্থীর জন্য একজন করে শিক্ষক নিযুক্ত করা হয়েছে বলে শিক্ষকরা ব্যক্তিগত ভাবে বিদ্যার্থীদের দিকে নজর দিতে পারে।

## উদাহরণ ঃ 2

ভারতে প্রাকৃতিক কমলার যে জুস পাওয়া যায় তাতে ওজ্ঞোস অন্যতম। তাই এর মূল্যও প্রভাবশালী হওয়া উচিত এমনিই নির্ণয় নেওয়া হয়েছিল। শুরুতে 240 মি.লি. ট্যট্রা প্যাকের দাম নয় টাকা রাখা হয়েছিল, যাতে কম্পানী মার্কেটে স্হান গড়তে সক্ষম হয়। পরে যখন 250 মি.লি. প্যাকেটের নির্দ্দিস্ট উপভোগকারী তৈরী হয়ে যায় তখন 1 লিটারের প্যাকেট বার করা হয় যার মূল্য রাখা হয়েছিল 35/- টাকা 230 মি.লি. প্যাক থেকে 1 লিটার প্যাকের আগমণ কার্যকারী বলে প্রমাণিত হয়। মার্কেটে ওঞ্জসের উচিত মূল্য পাওয়া যায়. যাতে ব্রাণ্ড কম্পানী মার্কেটে স্হান গড়তে সক্ষম হয়। পরে যখন 250 মি.লি. প্যাকেটের

নির্দিষ্ট উপভোগকরী তৈরী হয়ে যায় তখন 1 লিটারের প্যাকেট বার করা হয় যার জমূল্য রাখা হয়েছিল 33/- টাকা 230 মি.লি. প্যাক থেকে 1 লিটার প্যাকের আগমন কার্যকারী বলে প্রমাণিত হয়। মার্কেটে ওঞ্জসের উচিত মূল্য পাওয়া যায়, যাতে ব্রাণ্ড নিজের মতন করে নিজেকে পরিচালনা করতে পারে।

আসুন দেখা যাক তা কিভাবে সম্ভব হয়েছিল। যখন 9 টাকা মূল্যের 250 মি.লি. প্যাক থেকে 35/- টাকা মূল্য 1 লি. প্যাক বাজারে আনা হয় তখন ক্রেতারা লিটার প্রতি 1 টাকা সঞ্চয় করতে পাচ্ছিল। ছয় মাস পরে এই সঞ্চয় বৃদ্ধি বেড়ে দাঁড়ায় 3 টাকা, তখন 230 মি.লি. প্যাকের মূল্য রাখা হয়েছিল 10/- টাকা এবং 1 লি এর মূল্য নির্ধারণ করা হয়েছিল 37 টাকা সঞ্চয়ের পরিমাণ বৃদ্ধি পাচ্ছে ভেবে ক্রেতারা 1 লিটারের প্যাকের দিকেই বেশী আকর্ষিত হয়। পুণরায় যখন মূল্য বৃদ্ধির সময় আসে তখন 230 মি.লি. প্যাকের দাম করা হয় 12/- টাকা, 1 লিটার প্যাকের দাম করা হয় 44/- টাকা। তখন তুলনামূলক ভাবে 4/ - টাকা সঞ্চয় হচ্ছিল।

সেই সাথে ওঞ্জসের ক্রেতার সংখ্যাও বৃদ্ধি পাচ্ছিল। এমন অবস্থায় মার্কেটে নতুন খেলোয়াড়ের আগমন ঘটে। কিন্তু তত দিনে ওঞ্জস নিজের ভিত এতটাই শক্ত করে ফেলেছিল যে বহুরাষ্ট্রীয় কম্পানী গুলিও ওঞ্জসের অংশে ভাগ বসাতে অসুবিধা বোধ করে। আরোও একটা লাভজনক ব্যাপার হল বহুরাষ্ট্রীয় ফ্রুট ড্রিঙ্ক কম্পানী গুলি নিজেদের মূল্য 50-60 টাকার মধ্যে আবদ্ধ রেখেছিল ফলে ওঞ্জসও একটু দাম বৃদ্ধির সুযোগ পেয়ে যায়। 1 লিটারের প্যাকের দাম 44/- টাকা রাখা হলেও 250 মিঃলিঃ-র দাম করা হয় 14/- টাকা। এখন উপভোক্তাকারীদের আকর্ষিত করার সঙ্গে-সঙ্গে ব্রাণ্ড দাম ও বেশী পাচ্ছিল।

## উদাহরণ ঃ 3

যখন দ্যা ক্লাব লঞ্চ করা হয়েছিল তখন পরিস্হিতি ছিল একেবারেই নতুন। তখন মুম্বাইয়ের ছোট বাজারে অনেক বেশী সুবিধা প্রদান করতে হচ্ছিল এবং তখন আগে থেকেই স্হাপিত বোম্বে জিম ও উইলিঙ্গডন জিম সেন্টারের সাথে তার মোকাবিলা করতে হচ্ছিল।

এই সমস্ত কিছুর পিছনে ছিল একটা অতি সাধারণ কারণ। গত দশকে বহু সমৃদ্ধ পরিবার মুম্বাই উপ-নগরে বসতি স্হাপন করেছে এবং

আর্থিক সামর্থের দৃষ্টিকোন থেকে তাদের বোম্বে জিম যা উইলিঙ্গডন জিম সেন্টারের সদস্য হওয়ার ক্ষমতা ছিল। এছাড়া আগে থেকেই 3 লক্ষ টাকার তুলনায় অনেক কম সুবিধা প্রদান করা হচ্ছিল।

দ্যা ক্লাবের জন্য জে ব্রাণ্ডি করা হয়েছিল তাতে শোডা কতটা কম তার দিকে নজর দেওয়ার সাথে সাথে তার সমকক্ষই রাখার চেষ্টা করা হয়েছিল। ক্রমত অবস্থায় অন্য ক্লাব গুলির তুলনায় দ্যা ক্লাবের দাম কম রাখা উচিত ছিল, কিন্তু মূল্য নির্ধারণ নীতি অনুসারে সেই সময়ের বিদ্যমান ক্লাব গুলির তুলনায় এর মূল্য 40% বেশী রাখা হয়েছিল।

দ্যা ক্লাবের সদস্য হওয়ার জন্য 5 লক্ষ টাকা চাঁদা ধার্য্য করা হয়েছিল। যখন এই মূল্যে সমাজের সমৃদ্ধ শ্রেণীর ভিড় দেখা যায় তখন চাঁদার পরিমাণ 6 লক্ষ থেকে 7.5 লক্ষ, তার থেকে 8.5 লক্ষ আর তারপর 10 লক্ষে পৌঁছে যায়। যদিও আরোও বহু প্রতিযোগী মার্কেটে থাকলেও দ্যা ক্লাবের সদস্য হওয়ার জন্য একটা হৈ-চৈ সৃষ্টি হয়ে যায়।

একটা বিষয় বিচার করে দেখুনঃ মূল্য কম নির্ধারিত করলে ব্রাণ্ড কেন ক্ষতি গ্রস্থ হয় ? এর তিনটে কারণ আছেঃ

1. তাকে নিম্নমানের বলে ধরা হয়।
2. লোকেরা ঠিক বিশ্বাস করে উঠতে পারেনা।
3. মূল্য কম হলে ব্রাণ্ডের এগিয়ে যাওয়া কঠিন হয়ে ওঠে এবং মার্কেটে সঠিক মূল্য পাওয়া মুশকিল হয়ে ওঠে।

যদি কোন ব্রাণ্ড কোন একটা বিশেষ শ্রেণীর সাথে এগিয়ে চলতে যায় তবে তার সম্ভাব্য উপভোগকারীদের কথা মাথায় রেখেই তাকে মূল্য নির্ধারণ করা উচিত। দাম বেশী রাখাও কোন সমাধান নয়। ব্রাণ্ডের প্রকৃত দামের কথা মাথায় রেখেই উচিত এবং অনুকূল মূল্য নির্ধারণ করা উচিত।

তাই মূল্য অত্যাধিক রাখবেন না, এতে আপনার বিভিন্ন দিক দিয়ে ক্ষতি হতে পারে।

## ব্রাণ্ড মন্ত্র - 11

# শুধু হৈ-চৈ করলেই চলবেনা ব্রাণ্ডকে লাভ অর্জন করতে হবে

অনেকের মনেই একটা ভুল ধারণা আছে যে সচেতনতা বৃদ্ধি এবং পরখ করতে দেওয়ার সুবিধা প্রদানই কোন ব্রাণ্ডের মুখ্য উদ্দেশ্য। এই কারণেই বিজ্ঞাপনকে ব্রাণ্ডের সফলতা বৃদ্ধির পিছনে মুখ্য হাতিয়ার হিসাবে ধরা হয়। কিন্তু সত্যির উপরে কিছুই নেই।

এর একটা উদাহরণ হিসাবে ডঃ মোরপ্যান নামের ওষধ কম্পানীর কথা উল্লেখ করা যায়, বিজ্ঞাপনের পিছনে অত্যাধিক ব্যায় করার কারণে ওভার দ্যা কাউন্টার উৎপাদনের ক্ষেত্রে প্রচুর লোকশান দেখা যায়। বিজ্ঞাপনের পিছনে এত টাকাই খরচ হয়ে যায় যে, কর্মচারীরা সঠিক সময়ে বেতন পর্যন্ত পাইনি এবং বেশ কিছু ব্রাণ্ড মার্কেট থেকে তুলেও নিতে হয়। এক্ষেত্রে বিজ্ঞাপনের পিছনে অতিরিক্ত খরচ করে কম্পানীর ভবিষ্যৎ অন্ধকারের দিকে ঠেলে দেওয়া হয়েছিল। এরপর কিছু প্রাপ্তের ক্ষেত্রে কম্পানী নিজেকে কোন মতে এগিয়ে নিয়ে যায়। যদি কম্পানী বিজ্ঞাপনের দিকে অতিরিক্ত নজর না দিয়ে, নিজের লাভের প্রতি নজর দিত তাহলে অনেক বেশী ভালো হোত।

ব্রাণ্ড নির্মাণ নীতি ঠিক হলে কম্পানী মূল্য ও লাভ পাবেই। শেষ পর্যন্ত উপভোগকারীরা ব্রাণ্ডের প্রকৃত মূল্য প্রদান করে ব্রাণ্ডকে লাভবান করবেই।

এয়ার ডেক্কান ও শ্রেণীর তৈরীর মামলা কিন্তু দাম এত কম ছিল যে শেষ পর্যন্ত 200 কোটি টাকার ক্ষতি হয়ে যায় এবং অন্য এয়ারলাইন কম্পানী তাকে কিনে নেয়। এয়ার ডেক্কন বহু বড়-বড় প্রতিশ্রুতি দিয়েছিল কিন্তু যদি মাথায় রাখত যে, "হৈ-চৈ করলেই চলবেনা লাভ অর্জন করতে হবে" তাহলে বোধ হয় ভালো হত।

যে কোন ব্রাণ্ডের ক্ষেত্রে সচেতনতা আনাটা খুবই জরুরী কিন্তু সেটাই সব নয়। ব্রাণ্ডের ভিত্তির উপরেই এর দৃঢ়তা বোঝা যায়। প্রকৃত পক্ষে সেই ব্রাণ্ডই জয়ী যে লাভ অর্জন করে।

এতে কোন সন্দেহই নেই যে, লাভ অর্জনের জন্য ব্রাণ্ডকে একটা বিকাশশীল পথের মধ্যে যেতে হয়। প্রথম ক্ষেত্রে সে নিজের অস্থির মূল্য পূরণ করে এবং নিজের ভিত দৃঢ় করে। দ্বিতীয় দৌড়ে এটি সমকক্ষতা লাভ করে। তৃতীয় দৌড়ে গিয়ে লাভ অর্জন করে। উৎপাদন বা সেবা যাই হোক না, কেন মার্কেটের পরিস্থিতির উপর নির্ভর করে এর গর্ভকাল 1-3 বছর হতে পারে। আসুন লাক্সের দিকে নজর দেওয়া যাক, ফিল্মী তারকাদের সাবান হিসাবে স্থাপিত লাক্স, একটা ব্রাণ্ড হিসাবে সুন্দর গতির মধ্যে দিয়ে এগোচেছ এবং মালিককে বহু অর্থ উপার্জন করে দিচেছ। কিন্তু হিন্দুস্থান লিভার লিমিটেড কিভাবে এই ব্রাণ্ড তৈরী করেছিল ? নিশ্চই শুধুমাত্র সচেতনতা বৃদ্ধির দ্বারা তা সম্ভব হয়নি। আসলে কোন ব্রাণ্ড বিশ্লেষণ করার সময় মার্কেটিং-এর সমস্ত তত্ত্বই প্রকাশিত হয়ে ওঠে।

সম্পূর্ণ রূপে বিকশিত ও ক্রমাগত মার্কেটে নেতৃত্ব করার অন্যতম উদাহরণ হল ফেয়ার এ্যাণ্ড লাভলী। এই ব্রাণ্ড বিজ্ঞাপনের সাথে-সাথে লাভও অর্জন করে থাকে।

বহু বছর ধরে টুথপেস্ট জগতে রাজত্ব করে গেছে কোলগেট, কিন্তু 1990-এর শেষের দিকে এক বিরাট আঘাত খায়। কম্পানীর উপর একটা চাপ তো ছিলই তার উপর লাভ কম হতে থাকায় তা চিন্তার বিষয় হয়ে দাঁড়ায়। কারণ ? চিলিত হওয়া, উপেক্ষা করা এবং অহংকার। এখন এই ব্রাণ্ডকে নিজের সিংহাসন বাঁচানোর জন্য ভয়ঙ্কর চেষ্টা চালাতে হচেছ। তখন থেকেই কোলগেট শীর্ষস্থ লাভের জন্য খুব ভালো প্রদর্শন করে চলেছে।

বহু ব্রাণ্ড বিজ্ঞাপনের চাকচিক্যকেই সফলতার চাবি বলে মনে করে। তারা মনে করে বিজ্ঞাপনের পিছনে মন খুলে খরচ করা উচিত, প্রত্যেকটা চ্যানেলে যেন ব্রাণ্ড নজরে আসে বড়-বড় প্রতিশ্রুতির বোর্ড প্রদর্শিত করতে হবে। কিন্তু এরা কখনই এটা ভাবে না যে–তারা সত্যির কতটা কাছে আছে।

কোন ব্রাণ্ডকে জয়ী করতে হলে অবশ্যই সঠিক রণনীতি অনুসরণ করতে হবে। আর্থিক বিষয়টিকেও মাথায় রাখতে হবে এবং নিয়মিত সমীক্ষা হওয়া উচিত যাতে ভারসাম্য হানি না ঘটে। তা না হলে ব্রাণ্ডের উপরচাপ পড়া নিশ্চিত। ব্রাণ্ড এবং মার্কেটের ব্যবস্থাপকদের অনুপাতটা সঠিক ভাবে বুঝতে হবে যাতে বিজ্ঞাপন, প্রোমোশান, কর্মচারী ও অন্যান্য খরচ গুলিকে সঠিক রূপে বাজেট করা যায় এবং তা যেন কখনই হাতের বাইরে চলে না যায় সেই দিকে নজর দিতে হবে। নিয়মিত ভাবে অনুশাসনবদ্ধ রূপে এর পালন করতে হবে।

অর্থের ভালো-মন্দের দিকটা দেখাও খুবই গুরুত্বপূর্ণ। বেশীর ভাগ ক্ষেত্রে মার্কেটে আগত বড় বাজারের ব্রাণ্ড গুলি মুখ থুবরে পড়ে, কারণ বিস্তারপূর্বক বিশ্লেষণ করা হয় না। বিজ্ঞাপনের সাথে বিক্রীর অনুপাত, প্রোমোশানের সাথে বিক্রীর অনুপাত, কর্মচারীর দল ও অন্যান্য খরচ মাথায় রাখা খুবই জরুরী। তাই আমি ছয় তত্ত্বের একটা ব্রাণ্ড ম্যানুয়েল অনুসরণ করতে বলি ঃ

1. সচেতনতা
2. প্রয়োগ
3. পুনরাবৃত্তি
4. মাত্রা বৃদ্ধি
5. মার্কেট শেয়ার বৃদ্ধি
6. মুনাফা বৃদ্ধি।

তাই আমি বলতে চাই যে, যখনই বাজারে কোন ব্রাণ্ডকে নিয়ে আসবেন এটা দেখবেন যে যাতে শুধুমাত্র হৈ-চৈ-ই সার না হয়ে যায়, যাতে তা লাভও প্রদান করে।

## ব্রাণ্ড মন্ত্র - 12

# কেনার তুলনায় ব্যবহারের দিকে বেশী মন দিন

মার্কেটে আপনার উপাদান লঞ্চ করার পর আপনার দায়িত্ব শেষ হয়ে যায়, বলে মনে করেন কি ?

না, কখনই না। কেনা মানেই মার্কেটিং-এর কাজ শেষ নয়। এটা শেষ হয় ব্যবহারের সাথে। আপনার উপাদান যদি উপভোগকারীদের সন্তুষ্টির প্রদান করতে পারে তবে তার বিক্রী বৃদ্ধি পাবেই।

তারপরেই মার্কেটিং-এর চক্র সম্পূর্ণ হয়। কারণ ক্রমাগত বিক্রীর মানে এক সন্তুষ্ট উপভোগকারী, আপনার উপাদান পেয়ে খুশী, এমন একজন উপভোগকারী ছাড়া আপনার উপাদানের কোন ভবিষ্যৎ নেই।

বিক্রী বৃদ্ধির দিক দিয়ে প্যারাশুট তেলের উদাহরণ দেওয়া যায়, এই কম্পানী যাতে ভারতীয়রা নিয়মিত ভাবে এই তেল ব্যবহার করে তার জন্য একটা স্লোগান ঠিক করেছিল, 'কে আওর চম্পী কিয়া।' এই রুচিকর এবং ঐতিহ্যবাহী সঞ্চারই ব্রাণ্ডের বিক্রীতে সাহায্য করেছে। তেল কেনাই বড় কথা নয়, এর নিয়মিত ব্যবহারটাও জরুরী ছিল। এই সঞ্চার ব্রাণ্ডকে বিকশিত করতে সাহায্য করেছে। সম্প্রতি বলিউডের এক হিট্ ফিল্ম মুন্নাভাই এম.বি.বি.এস., শুধু মাত্র লোকদের টিকিট কাটাতেই বাধ্য করেনি, এর পরবর্তী অংশ হিসাবে মুন্নাভাই প্রকাশিত করে লোকেদের পুণরায় সিনেমা হলে যেতে বাধ্য করিয়েছে। ব্যবহার কেনার থেকে অনেক বেশী সাহায্যকারী।

মনে করুন আপনি এয়ারপোর্টে আপনার প্লেনের অপেক্ষা করছেন, আপনার হাতে সময় থাকার ফলে আপনি একটা বই কেনার জন্য মনস্থির করেছেন। আপনি বইটা কিনেও নিয়েছেন। কিন্তু যদি আপনি বইটা না পড়েন তবে পুণরায় আপনি আর এই লেখকের বই কিনবেন কিনা তার সম্ভাবনা খুবইকম।

ব্যবহার না করার অর্থ জিনিস শুধু আপনার ঘরে বোঝাই হবে। আপনি চাহিদা বৃদ্ধির যতই চেষ্টা করুন না কেন, উপভোক্তা যদি আপনার জিনিস ব্যবহার না করে তবে এমন একটা সময় এসে উপস্থিত হবে যখন চাহিদার পথও অবরুদ্ধ হয়ে যাবে এবং আপনার উপাদানও গতিশীলতা হারাবে। মনে রাখবেন চাহিদারও একটা সীমা আছে। এরপর যদি ব্যবহার না হয় তবে সম্পূর্ণ প্রণালীই থমকে যাবে। 1980 সালে যেমনটা হয়েছিল সোয়া দুধ গ্রেট শেকের সাথে। 1980 সালে যথেষ্ট ধুমধাম করে ভারতীয় বাজারে একটা ট্যাট্রা প্যাক আনা হয়েছিল। মার্কেটিং-এর সমস্ত বিধি ঠিক ছিল। বিতরণ প্রণালীর বিস্তারও সঠিক পদ্ধতিতেই চলছিল। একটা নুতন উপাদান চালানোর ব্যাপারে ক্রেতাদের আকর্ষিত করার জন্য বিজ্ঞাপনের পিছনে যথেষ্ট খরচ করা হয়েছিল। সম্পূর্ণ মার্কেট জুড়ে উপাদান পাওয়া যাচ্ছিল ফলে বিতরণের ব্যাপারে কোন সমস্যাই ছিল না। কিন্তু ব্যবহৃত হয়নি। ফলে একটা উপাদান মুখ থুবরে পড়ে।

হয়তো আপনাদের ট্যাট্রা প্যাক যুক্ত একটা জেলীর কথা মনে আছে। 1990 সালে এর সাথেও এমনি কিছু ঘটেছিল। মার্কেটিং-এর লোকেরা বুঝতেই পারেনি যে ভারতীয়রা জেলকে খাদ্য মনে করে নাকি পেয়্য পদার্থ ভাবে। এছাড়া আরোও একটা ধারণা ছিল যে জেলী আমিষ খাদ্য, ফলে বেশীর ভাগ নিরামিষাশি লোকেরা তা খেতে অস্বীকার করে। এরপর এই পেয়্য পদার্থের কি হল ? বিজ্ঞাপনের পিছনে বহু খরচ হয়েছিল এবং এই পদার্থটি সর্বত্র পাওয়া যেত, তা সত্ত্বেও তা সময়ের আগেই মুখ থুবড়ে পড়ে। এর কারণ হল এর ব্যবহার হয়নি।

সম্প্রতি ব্রিটানিয়া বাজারে একেবারে নতুন একটা উপাদান জিপ-সিপ নিয়ে আসে, এই ট্যাট্রা প্যাক ব্রাণ্ড ব্যবহৃত না হওয়ার ফলে, যথেষ্ট

বিজ্ঞাপন ও মার্কেটে ব্রিটানিয়ার আধিপত্য ও থাকা সত্ত্বেও, তা মুখ থুবড়ে পড়ে। এর সামান্য প্রয়োগ হয়েছিল এবং তা বিক্রীও হয়েছিল কিন্তু ব্যবহার না হওয়ার কারণে এক বছরের মধ্যেই তা বাজার থেকে উঠিয়ে নিতে হয়।

'দু মিনিট' শব্দটা বাচ্চাদেরকে খুবই উৎসাহিত করে, এই উপাদান হল ম্যাগী নুডুলস। মা ও সন্তান এবং মজা ও স্বাদের অদ্ভূত মেল বন্ধনের ফলে এটা উপভোগকারীদের খুবই উৎসাহিত করে। ম্যাগী নিজের শ্রেণীর রাজা তাতে কোন সন্দেহ নেই।

কোকা কোলা তার ব্যবহার বৃদ্ধির জন্য পানের বিভিন্ন সময় ও সুযোগ দেখাচেছ, এমনকি এতে পরিবারের সকলের সাথেও কোক পানের মজা অনুভবের কথা বলা হয়।

তবুও নিয়মিত ও ক্রমাগত ব্যবহারের ফলে ট্যাট্রা প্যাকের শ্রেণীতে ফ্রুটি আজও সবার উপরে রেখেছে, 2 বছরের বাচ্চা থেকে 60 বছরের বৃদ্ধ সকলেই এটা পছন্দ করে।

নিয়মিত ব্যবহৃত হতে থাকলে একটা ব্রাণ্ড তৈরী হবেই কিন্তু শুধু মাত্র কেনার দিকে দৃষিট দিলে মার্কেটিং-এর লোকেরা ভ্রমিত হয়ে যাবে। ব্যবহার নাহলে কেনার কোন গুরুত্বই নেই। কোন ব্রাণ্ডকে তখনই সফল বলে ধরা হয় যখন তা বারবার কেনা হয়।

নেবার ব্যাপারেও ব্যবহারের ব্যাপারটাকে খুবই জোর দেওয়া হয়। মার্কেট বিকশিত করার মাধ্যম কেবল প্রয়োগ, ব্যবহার এবং পুণরায় কেনা। ভারতের সেলফোনের বাজারটা দেখা যাক্। 1990 সালের মধ্যবর্তী সময় থেকে বাজারে মোবাইল ফোন সেবা বিতরণ করা হয়েছিল, সেই সময় মার্কেটিং-এর সাথে সম্পর্কিত লোকেরা একটা গুরুতর ভুল করে বসে। তারা কেনাকেই ব্যবহার বলে ভুল করে ফেলে, তার ফল তাদের ভোগ করতে হয়েছিল। তাদের সমস্ত ধ্যান ছিল মোবাইল ফোনের দিকে, তারা মনে করে যে একবার ফোন বিক্রী হওয়ার মানে তা ব্যবহৃত তো হবেই। প্রতি কল প্রতি চার্জ ছিল 16 টাকা প্রতি মিনিটে, এছাড়া আর কোন অভাব চোখে পড়েনা। এতে লোকেরা ভয় পেয়ে যায়, তাই ফোন বিক্রী হলেও তা ব্যবহৃত হতো না।

বর্তমানে সমস্ত সেবা প্রদানকারীরা (এয়ারটেলই হোক বা বোদাফোন বা রিলায়েন্স) রেট কম করার দিকে নজর দিয়েছে, অন্যদিকে নোকিয়াও মোটোরোলা মোবাইল ফোন ব্যবহারের দিকে দৃষ্টি দিয়েছে।

মোবাইল কম্পানী গুলি যদি কয়েক বছর আগে কল রেট কমানোর দিকে নজর দিত, তবে শুধু সে মোবাইল ফোন দ্রুত গতিতে বিক্রী হত তাই নয় বরংতাদের প্রদেয় সেবা আশানুরূপে ব্যবহৃত হচেছ কিনা সেটাও বোঝা যেত। তাদের মার্কেট দ্বিগুণ গতিতে বৃদ্ধি পেত, আর আজ সমস্ত মোবাইল কম্পানীগুলি লাভে চলত।

নতুন শতাব্দীতে মার্কেটিং-এর সাথে সংযুক্ত লোকেরা যখন এয়ারটাইম ব্যবহারের দিকে ধ্যান দেয় তখন মোবাইল উপভোগকারীর সংখ্যা ল্যাণ্ডলাইন উপভোগকারীদের ছাপিয়ে যায়। আগে এটা অনুমান করা হত যে, ভারতও কয়েক বছরের মধ্যে জাপানের মতন, মোবাইল ফোনকে ল্যাণ্ড লাইনের আগে নিয়ে চলে যাবে। ব্যবহারের দিকে নজর দেওয়াতে আজ সেই অনুমান বাস্তবে পরিণত হয়েছে।

তাই ব্যবহারের দিকে নজর দিন। মার্কেটের দীর্ঘ কালীন লাভের দিকে দেখুন। অল্পকালীন লাভ দেখেই আনন্দিত হবেন না।

# মনের জন্য ব্রাণ্ড মন্ত্র

# ব্রাণ্ড মন্ত্র - 13

## বিনম্র থাকুন তা না হলে টলে যাবেন

ব্রাণ্ডের জীবনে বহু চড়াই-উতরাই আসে। এমন সময়ও আসে যখন ব্রাণ্ড সফলতার শিখরে বিরাজ করে আবার কখনও অসফলতার গভীর সমুদ্রে নিমজ্জিত হয়ে যায়। একজন বোঝদার ব্রাণ্ড নির্মাতা এই প্রকৃত সত্য সম্পর্কে ওয়াকিবহাল, সেই কারণে সে ব্রাণ্ড নির্মাণের প্রতিটি তত্ত্বকে অনুসরণ করে থাকে। এই বিনম্রতা ও সততার সাথে সে ক্রমাগত উপভোগকারীদের প্রয়োজন বোঝার চেষ্টা করে। উপভোগকারীদের সন্তুষ্ট করার জন্য নতুন নতনু উপায়ের সন্ধান করতে থাকে। তারা জানে যে, অহংকার পড়ার আগেই চূর্ণবিচূর্ণ হয়ে যায়। যখন তার ব্রাণ্ড সফলতার শিখরে থাকে এবং ব্রাণ্ডের সফলতার আনন্দ উপভোগ করে, তখন সে বিনম্রতার গুরুত্বকে আরোও বেশী করে বুঝতে পারে। উপভোগকারীরা তার উপাদান ব্যবহার করার জন্য এবং তাকে সেবা করার সুযোগ প্রদান করার জন্য সে তাদের ধন্যবাদ জ্ঞাপন করে থাকে।

বহু ক্ষেত্রে অনেক বড়-বড় অন্তঃরাষ্ট্রীয় ব্রাণ্ড তাদের প্রতিষ্ঠা দিবসের দিন উপভোগকারীদের ধন্যবাদ জ্ঞাপন করে থাকে। সম্প্রতি ইলেকট্রনিক্সের একটা নাম করা ব্রাণ্ড এল জী তার 11 তম প্রতিষ্ঠা দিবস উপলক্ষে উপভোগকারীদের ধন্যবাদ জানিয়েছে। ধন্যবাদ জ্ঞাপনের স্টাইল ছিল এই প্রকার-উপভোগকারীরা কম্পানীকে সেবা করার সুযোগ প্রদানের জন্য কম্পানীর তরফ থেকে তাদেরকে ধন্যবাদ জ্ঞাপন করা হয় এবং

ভবিষ্যৎ-এও এই ভাবেই সেবা করে যাওয়ার আশা ব্যক্ত করেছে।

অন্য আর এক ক্ষেত্রে শোওরলেট নামক অটোমোবাইল ব্রাণ্ড উপভোগকারীদের গত পাঁচ বছর ধরে উৎসাহজনক প্রতিক্রিয়া ব্যক্ত করার জন্য ধন্যবাদ জানিয়েছে।

সম্প্রতি ভারতীয় স্টেট ব্যাঙ্ক তাদের 10,000 তম শাখা উদ্ঘাটনের ঐতিহাসিক মুহূর্তে উপভোগকারীদের উদ্দেশ্যে মন থেকে ধন্যবাদ জ্ঞাপন করেছে। এই অভিযান এক সপ্তাহ ধরে চলেছে। বিনম্রতার মাধ্যমে উপভোগকারীদের মনে দীর্ঘকালীন স্হান তৈরীর চেষ্টা করেছিল।

ব্যবসায়ী, বিক্রেতা, নতুন উপভোগকারী এবং মিডিয়ার কাছে মার্কেটিং কর্মচারীদের নিজেদের ব্রাণ্ড সম্পর্কে বিনম্র ভাবে, অথচ দৃঢ়তার সাথে কথা বলা উচিত। সমস্যায় পড়লে এই কথা গুলিই বড় কার্যকারী বলে প্রমাণিত হয়। এই সময় সমস্ত সহযোগী এবং উপভোগকারীরা ব্রাণ্ড পুনঃনির্মাণের ব্যাপারে তার সাহায্য করে থাকে।

এমনও কিছু উদাহরণ দেখতে পাওয়া যায় যখন ব্রাণ্ডের মাথায় সফলতার সফলতার ভূত চেপে বসে। কিন্তু মন্দার বাজারে এই ধরণের ব্রাণ্ড গুলিকে বিপত্তির সম্মুখীনতা করতে হয়।

কোলগেট উদাহরণের দিকে লক্ষ্য করুন। আগেই বলেছি যে, কোন একটা সময় এই ব্রাণ্ড ভারতের টুথপেস্টের জগতের রাজা ছিল। যখন মার্কেটে এই ব্রাণ্ডের 75 শতাংশ অংশছিল তখন মার্কেটিং-এর ক্ষেত্রে বেপরোপাভাব দেখা গেছিল। তার প্রভুত্ব এই রকমই থেকে যাবে, এমন একটা অহংকার তাকে চেপে বসেছিল। এই ধারণার ফলেই উপভোগকারীদের সম্পর্কে সন্তুষ্টির ভাবনা জন্মেছিল।

এরপর মার্কেটে চলে আসে বহু ব্রাণ্ড এবং 15 বছরের মধ্যে কলগেটের ভাগের 20 শতাংশ গ্রাস করে ফেলে। অহংকরী মার্কেটিং-এর লোকেদেরকে ব্যবসায়ীরা ভোলেনি ফলে তারা নতুন ব্রাণ্ডের সহযোগিতা নিতে শুরু করে।

প্রমিস প্রায় দশ থেকে বারো বছরের পুরানো কম্পানী। আরো কয়েক বছর বাদে ক্লোজ আপ আর পেপসোডেন্ট বাজারে এসে পুণরায় কোলগেটকে ঝটকা দিয়েছিল। এরপর কলগেটের শিক্ষা হয়, তারা বোঝে যে ক্রমাগত

উপভোগকারীদের দিকে নজর রাখা খুবই জরুরি। আশা করা যায় যে, ক্রেতাদের সন্তুষ্ট রাখার জন্য কোলগেট দৃঢ়তার সাথে নিজেদের নতুন রণনীতিকে অনুসরণ করে চলবে, হয়তো আজ পর্যন্ত যে ক্ষতি হয়েছে তা পূরণও করে নেবে। বর্তমান যুব সমাজ, বাচ্চা এবং তাদের বাবা-মাদের প্রতি শালীনতার সাথে লক্ষ্য রাখার যে পরিকল্পনা কোলগেট গড়েছে, তা তাদের লাভবান করবে। সম্প্রতি কোলগেটের পরিস্থিতি অনুকূল হয়ে উঠেছে।

আসুন, এবার অম্ব্যাসাডার ভারতীয় দিকে লক্ষ্য করা যাক। কোনএক সময়কার ভারতীয় রাস্তার সবচেয়ে মর্যাদা সম্পন্ন কার আজ ছোট গলি পথেই নিজের স্থান করে নিয়েছে। শুধু তাই আজ তা অবাঞ্ছিত হয়ে উঠেছে।

এছাড়া, ইণ্ডিয়ান এয়ারলাইন্সকেও দেখুন। গগন সম্রাট এই এয়ারলাইন্সকেও অহংকার গ্রাস করে ফেলেছে। অম্ব্যাসাডারের নির্মাতার নতুন কিছু করে দেখানোর চেস্টা না করলেও, ইণ্ডিয়ান এয়ারলাইন্স নিজের ছবি বদলাতে চেস্টা করছে এবং উপভোগকারীদের সাথে নৈকট্য বৃদ্ধির চেস্টা করে চলেছে।

এটা বললে ভুল হবে না যে, গত বছর এই অহংকারের জন্য এয়ারলাইন্সের বহু প্লেন মুখ থুবড়ে পড়েছে।

উপভোগকারীরা সর্বদাই শালীনতা আশা করে। দেখতে না পাওয়াটা সহ্য করলেও অহংকারকে কখনই সহ্য করেনা। এরাই ব্রাণ্ডকে তৈরী করতে এবং ধ্বংস করতে সাহায্য করে, তাই এদেরকে শালীনতার সাথে ব্রাণ্ড সম্পর্কে জানানোটা খুবই জরুরী।

ব্যক্তিকে এটা ভুললে চলবে না যে প্রতিযোগীর অভাব বা প্রভুত্ব স্থাপনকারী ব্রাণ্ডকে ভালো ব্রাণ্ড মনে করার ভুল করবেন না, কারণ এমন অবস্থায় উপভোগকারীদের সামনে কোন বিকল্প থাকে না। উপভোগকারীরা সন্তুষ্ট এটা তখনই বুঝবেন যখন এই শ্রেণীর ব্রাণ্ড গুলির মধ্যে তারা আপনার ব্রাণ্ডকেই পছন্দ করবে।

লক্ষ্য করলে একটা বিষয় বুঝতে পারবেন যে, বেশীর ভাগ ক্ষেত্রে সেই সমস্ত ব্রাণ্ডই টলমল করে যেগুলি হয় নেতৃত্ব করছে, তা না হলে

প্রভুত্ব বিস্তার করে আছে। কেয়ারফ্রির নির্মাতা জনসন এ্যাণ্ড জনসনের অহংকার ও ক্রমাগত মূল্য বৃদ্ধির কারণে ভারতীয়রা তার উপর ক্ষিপ্ত হয়ে যায়। আর ঠিক সেই সময়তেই কোন রকম হৈ-চৈ না করেই প্রাক্টর এ্যাণ্ড গ্যাম্বেল বাজারে হুইসপার নিয়ে আসে, ফলে জে.এ্যাণ্ড জে-র স্যানিটরী ন্যাপকিন কেয়ার ফ্রী মুখ থুবড়ে পড়ে। প্রকৃত পক্ষে এই কম্পানীর শালিনতাও সদ্ব্যবহারের পরিচয় পেয়ে মানুষ তার প্রতি আকৃষ্ট হয়, এই কম্পানী বিক্রীর কিছু অংশ স্নেহীন রাষ্ট্রীয় সংগঠন এবং এমনই কিছু মানবীয় সংস্থাকে দেওয়ার কথা ঘোষণা করেছে।

আমার মতে কোন শালীন ব্রাণ্ড নির্মাণের জন্য নিম্নলিখিত সূত্র গুলি পালন করা উচিত ঃ

1. ঈশ্বর
2. উপভোগকারী
3. ব্রাণ্ড
4. ভাগ্য
5. অন্যান্য বিষয় যেমন বিতরক, কার্যদল প্রভৃতি।

মার্কেটে থাকা ব্রাণ্ডগুলি তখনই দৃঢ় হতে পারবে যখন এই সমস্ত মন্ত্রগুলি মাথায় রাখবেন। সফলতার শিখরে পৌঁছানোর পর বিনম্র থাকাটা খুবই জরুরী।

## ব্রাণ্ড মন্ত্র - 14

# ব্রাণ্ড নির্মাণের জন্য সম্পর্ক গড়ে তুলুন

ব্রাণ্ড ও উপভোগকারীদের মধ্যে সম্পর্ক যত গভীর হবে সফলতা পাওয়ার সম্ভাবনা ততই বৃদ্ধি পাবে। এর সবচেয়ে ভালো উদাহরণ হল রীডর ডাইজ্যাস্ট পত্রিকা, যা দীর্ঘ কাল ধরে নিজের পাঠকদের সাথে এক গভীর সম্পর্ক বজার রেখে চলেছে। পৃথিবীর বিভিন্ন দেশে, মহাদ্বীপে বসবাসকারী লোকেদের সাথে তার সম্পর্কের মূল্য বাঁধা পত্রিকায় একটা পৃষ্ঠা কম থাকলে পাঠকরা তার অভাব বোধ করে। প্রত্যেক মাসে আবেগপূর্ণ লেখা এবং 'হিউমার ইন ইউনিফর্ম' এবং 'হাউ টু ইন্ক্রীজ ইওর ওয়ার্ড পাওয়র' প্রভৃতির স্থায়ী কলাম এতে দেখতে পাওয়া যায়।

কখন-সকন দোকান থেকে এই বইটা কেনার সময়তেই দোকানদারের সাথে পাঠকের সম্পর্ক তৈরী হয়ে যেতে পারে। সমস্ত দেনা-পাওনা এক রাত্রে একত্রে কাটানোর মধ্যেই সীমাবদ্ধ, কিন্তু একজন নিয়মিত পাঠকের সম্পর্ক এর থেকে অনেক উপরে। রীডর ডায়জ্যাস্ট তাকে প্রত্যক্ষ মার্কেটিং-এর গোলক ধাঁধায় নিয়ে যায় এবং ডায়রি ও প্ল্যানারের সুবিধা প্রদান করে পত্রিকার প্রতি বিশেষ আকর্ষণ জাগ্রত করে। এই জিনিসগুলি সম্পর্কে পাঠকদের ই-মেল বা পত্রের দ্বারাই জানিয়ে দেওয়া হয় এবং তাকে এটা অনুভব করায় যে এই পৃথিবীতে তার থেকে গুরুত্বপর্ণ আর কিছু নেই। এই ধরণের পাঠকরা রীডর ডায়জ্যাস্টকে নিজেদের পরিবারের

সদস্য বলে মনে করে। এটা ক্রমাগত উপভোগকারীদের সাথে সম্পর্ক বজায় রাখে, তাদের জীবনে মূল্যবোধের সমাবেশ ঘটায় এবং সমাজে তাদের প্রতিষ্ঠা বৃদ্ধি করে।

কয়েক বছর আগে আমার ভাই সন্দীপ আমার বাচ্চাদের (সমৃদ্ধ এবং হংসিবন) জন্য মুম্বাইয়ের সুভিনর স্টোর থেকে কিছু নতুন ধরণের খেলনা কিনে আনে। তারপর থেকে এই স্টোর আমার বাচ্চাদের শৈশবের সাথে যুক্ত হয়ে গেছিল, কখন জন্মদিনে শুভকামনা জানিয়ে বা নতুন জিনিস দেখার জন্য আমন্ত্রিত করে তাদের জীবনের অংশ হয়ে ওঠে।

আইটিসি হোটেল গ্রুপস এং ম্যারিয়রে মতন হোটেল গুলি বেশীর ভাগ ক্ষেত্রেই গ্রাহকদের জীবনের শুভদিন গুলিতে শুভকামনা জ্ঞাপন করে তাদের সঙ্গে সম্পর্ক গড়ে রাখে। এই বিষয়গুলি উপভোগকারীও ব্রাণ্ডের সম্পর্ককে দৃঢ় করে তোলে।

ভারতের জেট এটারওয়েজ নিজস্ব বিমান পরিসেবা উপভোগকারীদের সাথে সম্পর্ক দৃঢ় করে নিজেকে নির্মাণকারী ব্রাণ্ডের ভালো উদাহরণ। অন্যদিকে অপর ঘরোয়া বিমান পরিষেবা গুলি নিজেদের ভিত মজবুত করার জন্য আজও সংঘর্ষ করে চলেছে, জেট এয়ারওয়েজ নিজের বিমানের যাত্রীদের জন্য জেট প্রিভিলেজ লায়লট প্রোগ্রামের ব্যবস্হা করে তাদের আরোও কাছে চলে এসেছে।

বহু বছর ধরে পাবলিক সেক্টর এয়ারলাইন উপভোগকারীদের সাথে যুক্ত হয়ে থাকলেও ভালো প্রদর্শন করতে পারেনি এবং তাদের বিমানযাত্রীদের তারা তেমন কোন সুবিধাও প্রদান করেনি। আসলে ফ্রিকুয়েন্ট ফ্লাইঙ্গ প্রোগ্রাম অনেক দেরীতে আরম্ভ করা হয়েছিল। কিন্তু জেট এয়ারওয়েজ ছাড়া আর কোন ব্রাণ্ডই নিজেদেরকে যোগ্য বলে প্রমাণ করতে পারেনি। এই ঝড়ের মধ্যেও জেট এয়ারওয়েজ নিজেদের স্হান দৃঢ় করতে সক্ষম হয়েছে। নিয়মিত বিমান যাত্রীদের জন্য লয়াল্টি প্রোগ্রাম শুরু করে উপভোগকারীদের আরোও প্রসন্ন করে দিয়েছে, ফলে উপভোগকারীদের ব্রাণ্ডের প্রতি স্নেহ বৃদ্ধি পেয়েছে। প্রকৃত পক্ষে উপভোগকারীদের নাম ধরে ডাকার জন্য এবং তাদের পছন্দের খাওয়ার পরিবেশন করার জন্য উপভোগকারীরা আরোও বেশী খুশী হয়।

সম্প্রতি কিংফিশার নামক এক নিজস্ব বিমান পরিষেবা কম্পনী নিজেদের সেবার স্টাইল এবং সম্পর্কের দ্বারা ভারতীয় উপভোগকারীদের মন জয় করতে সক্ষম হয়েছে। এই কম্পানী একটা দৃঢ় সম্পর্ক তৈরী করে বিবেকবান ভারতীয়দের একটা বড় দলকে আকর্ষণ করতে সক্ষম হয়েছে, ফলস্বরূপ ভারতীয় উপভোগকারীরা সংরক্ষক পেয়েছে।

ভারতের ডিপার্টমেন্টাল স্টোর গুলির মধ্যে শপার্জ স্টাপ উপভোগকারীদের সাথে একটা দৃঢ় ও বন্ধুত্বের সম্পর্ক গড়ে তুলেছ। নিয়মিত ক্রেতাদের জন্য তারা ফার্স্ট সিটিজেন ক্লাবের শুরু করেছে, যা খুবই জনপ্রিয়তা লাভ করেছে। শপার্জ স্টপের এই ক্লাবের সদস্যরা নিজেদের ব্রাণ্ডের সাথে স্নেহ ও অন্তরিক' সম্পর্ক গড়ে রেখেছে ফলে কেনাকাটায় বৃদ্ধি হয়েছে।

পরচুন শিলেপর বুক স্টোর তাদের ক্রসওয়ার্ডের ক্রমওয়ার্ড রিওয়ার্ড প্রোগ্রামের মাধ্যমে উপভোগকারীদের সাথে একটা মধুর সম্পর্ক গড়ে রেখেছে। বইতে প্রকাশিত ক্রমওয়ার্ডের লেখকদের সাথে পাঠকদের কথা বলা ও সম্পর্ক স্থাপনের সুবিধাই দেওয়া হয়না বরং ক্রসওয়ার্ড ব্রাণ্ডের সাথে দৃঢ় সম্পর্ক গড়ে তোলার জন্য উৎসাহ দেওয়া হয়।

এই ধরণের সম্পর্ক যেকোন ঝড়ের সম্মুখীনতা করতে পারে। মধুর সম্পর্কের মধ্যে থাকে বিশ্বাসের ভিত বা সমস্যাজনক পরিস্থিতিতে কাজে আসে।

ব্রাণ্ড নির্মাণের ক্ষেত্রে, সম্পর্ক গড়া ও উপভোগকারীদের মনে স্থান করে নেওয়ার সুযোগ আসে। সততার সাথে আজীবনকাল এবং সম্পর্ক গড়ে রাখা উচিত। এই সম্পর্কের মধ্যে লোক দেখানো বা ভণ্ডামির কোন স্থান নেই। বরং আমি তো বলব যে, 'সম্পর্ক গড়ুন এবং সম্পর্ক নিয়ে কোন রকম নাটক করবেন না।' আমি দৃঢ়তার সাথে এই ব্রাণ্ড মন্ত্রকে সমর্থন করছি।

রীডর ডায়জ্যাস্ট, জেট এটারওয়েজ, কিংফিশার, শপার্জ স্টপ, ক্রশওয়ার্ড, ম্যারিয়াট এবং অন্যান্য সফল ব্রাণ্ড গুলি এটা ভালোভাবেই জানে যে ব্রাণ্ড নির্মাণের জন্য সম্পর্ক নির্মাণ খুবই জরুরী।

# ব্রাণ্ড মন্ত্র - 15

## নিজের বিক্রেতাকে সম্মান দিন

চাহিদা পূরণের এই শৃঙ্খলায় বিক্রেতা হয়তো এমন একটা অংশ যাকে নিয়ে সবচেয়ে বেশী ভুল বোঝাবুঝি হয়ে থাকে। মার্কেটিং-এর লোকেরা মনে করে যে এই ব্যক্তি মূল্যের অন্তরে পালিত জীব, যাকে লাভের লোভ দেখিয়ে কাবু করা যায়। কিন্তু এটা সত্যি নয়।

এই মন্ত্র বোঝার জন্য সবার প্রথম এটা মনে রাখবেন যে বিক্রেতাও আমাদের মতনই মানুষ। একজন বোঝদার ব্যবসায়ি হিসাবে সে শুধু আর্থিক লাভের কথাই ভাবেনা বরং নিজের গ্রাহকদের ভালো সেবা প্রদান করে নিজের স্থানকে সুরক্ষিত করে তোলার চেষ্টা করে। যদি তার দোকান বা স্টোর বংশানুক্রমিক হয় তবে সে ক্রেতার সংখ্যা আরোও বৃদ্ধি করতে চাইবে ফলে সে নতুন গ্রাহকদের পাকা গ্রাহক এবং পুরানো গ্রাহকদের আরোও উৎসাহিত করার চেষ্টা করবে। এর পিছনে তার একটা দূরদর্শী চিন্তাও কাজ করে, ভবিষ্যৎ-এ যখন তার সন্তানরা দোকান সামলাবে তারা যেন তখন পাকা গ্রাহক পেয়ে যায়।

এমন অবস্থায় যদি কোন মার্কেটিং-এর লোক বিক্রেতার সাথে কমিশনের কথা বলে, তাহলে সে কখনই কমিশনের দিকে দেখবেনা, যে চিন্তা-ভাবনা করার পরেই ব্রাণ্ডকে দোকানে রাখার কথা ভাববে। সে ব্রাণ্ডের কম্পানীর কথা অবশ্যই জিজ্ঞাসা করবে। সে সম্পূর্ণ বিশেষত্বের কথা জানতে চাইবে। এই ব্রাণ্ড টিকবে নাকি প্রতিযোগিতার বাজারে মার খাবে ? যখন কোন বিক্রেতা কোন ব্রাণ্ডকে নিজের দোকানে রাখবে বলে

ঠিক করে তখন সে তার জন্য নিজের সময়, চেষ্টা ও পয়সা খরচ করে এবং তারপর দোকানে স্হান দেয়।

মূল্যান্তর ও শর্তের গুরুত্ব আছে ঠিকই কিন্তু সে সম্পর্কে কোন দৃষ্টিকোন থেকেই নির্ণয় নেওয়া যায়না।

আমার মতে, বিক্রেতা চারটে প্রধান জিনিসের বিচার করে। সর্বপ্রথম বিক্রেতা দেখে যে, যে ব্রাণ্ডের জিনিস সে রাখতে চলেছে তা মার্কেটে চলবে নাকি দোকানে সাজিয়ে রাখতে হবে। দ্বিতীয়ত তার মাথায় সর্বদাই চাহিদার বিষয়টা ঘোরে। তৃতীয়ত, সে ক্রমাগত ও নিয়মিত সেবা পাওয়ার আশা করে। প্রথম তিনটে বিষয় সম্পর্কে নিশ্চিত হওয়ার পরেই, সে চতুর্থ বিষয় নিয়ে উৎসাহ প্রকাশ করে, তা হল তার ঝুলিতে কি অবশিষ্ঠ থাকবে। বিক্রেতার এই চারটে প্রয়োজনের গুরুত্ব বুঝুনও সেগুলিকে সম্মান করুন।

এক্ষেত্রে আমিপ্রথম যে বিষয়টা বলতে চাই তা হল, মার্কেটিং-এর লোক হয়ে, আপনি নিজের বিক্রেতাকে যথেষ্ট ভাবে চেনার চেষ্টা করছেন কি ? আপনিই পারেন তার গ্রাহকের সংখ্যা বৃদ্ধি করতে, সন্তুস্ট গ্রাহকের মাধ্যমেই তার আমদানি বৃদ্ধি পাবে। একটা কথা মাথায় রাখবেন, এই ব্যক্তিই পারে আপনার গ্রাহককে টিকিয়ে রাখতে এমনকি কয়েক প্রজম্ম ধরে তা বজায় থাকতে পারে।

সুতরাং বিক্রেতার সহযোগিতা, অংশীদারী এবং সহায়তা ছাড়া আপনি কখনই ব্রাণ্ড নির্মাণ করতে পারবেন না।

একবার ও ভেবে দেখেছেন কি ? বিক্রেতাই কেনার শেষ গন্তব্য। বিক্রেতার ও উপভোগকারীর পারস্পরিক সম্পর্কের উপরেই ব্রাণ্ড ভাগ্য নির্ভর করে। এই ব্যক্তিই আপনার ব্রাণ্ডকে বিক্রী করতে পারে। এই শৃঙ্খলায় বিক্রেতা সেই অপরিহার্য অংশ যে ব্রাণ্ডকে চলতে সাহায্য করে, কিংবা ব্রাণ্ডকে দোকানোর ধূলো খেতে বাধ্য- করে।

টেক্সই বস্তু হোক বা তৎক্ষনিক প্রয়োগের জিনিস বা সেবা, যে কোন ব্রাণ্ড নির্মাণের সঠিক প্রক্রিয়া হল বিক্রেতাকে বোঝার জন্য একটু সময় অতিবাহিত করা। অনেক সময় তাকে ভোলানোর জন্য পদমর্যাদা বা পয়সার প্রয়োজন হয়ে পড়ে। অনেক সময় তাকে প্রভাবিত করার

জন্য ব্রাণ্ডের বংশতালিকাই যথেষ্ট হয়ে ওঠে।

মার্কেটিং ও বিক্রেতাকে সুনিশ্চিত জয়ের পরিস্থিতির মাধ্যমে যুক্ত করা যায়। বিক্রেতা ও মার্কেটিং-এর মিলন তখনই সম্ভব যখন তারা এক-অপরকে ভালো করে বুঝতে পারবে এবং তাদের অবশ্যই মিলে মিশে কাজ করতে হবে যাতে দুপক্ষই ভালো ভাবে উপার্জন করতে পারে। এটা সংযুক্ত প্রোমমোশন প্রদর্শন এবং বিভিন্ন নতুন উপায়ের মাধ্যমে হতে পারে।

সবশেষে এটা মনে রাখতে হবে যে, আপনি যখন বিক্রেতাকে নিজের পক্ষে করে নেবেন তখন তা অবশ্যই কার্যকারী বলে প্রমাণিত হবে কারণ সে শুধুমাত্র একজন দোকানদারই নয়, তার হাতেই রয়েছে আপনার উপাদান। সেও আপনার ব্রাণ্ডের উন্নতির অংশীদার, মার্কেটে আপনার ব্রাণ্ডের স্থিতি অনেকটাই তার হাতে রয়েছে।

আমি তো বলব যে, নিজের বিক্রেতার সম্মান করুন এবং তার সাথে সুদৃঢ় সম্পর্ক গড়ে তুলুন, এমনকি তাকে জন্মদিনে কার্ড এবং বিবাহ বার্ষিকীত শুভকামনা প্রেরণ করুন।

আপনি হয়তো জিজ্ঞাসা করতে পারেন যে, এ সবের কি দরকার? উত্তরটা খুবই সহজ, বিক্রেতা ও ক্রেতার মধ্যেকার সম্পর্কই উপাদান বিক্রীতে সাহায্য করে। এই পারস্পরিক সম্পর্কের গুণ যে শুধুমাত্র মার্কেটে ব্রাণ্ডের ভাগ্যকে নির্ধারিত করবে তাই না বরং ব্রাণ্ড ও বিজ্ঞাপনের পিছনে আপনি যে অর্থ খরচ করেছেন তা ফেরত পাবেন কিনা তাও ঠিক করবে। অনেক সময় উপভোগকারী আপনার প্রতিযোগির মাল দিয়ে দিতে পারে। যদি ও বিক্রেতা এই গ্রাহককে নিয়মিত ক্রেতায় পরিণত করতে পারে তবে গ্রাহকও তার পরামর্শই শুনবে তাতে কোন সন্দেহ নেই।

সুতরাং নিজের বিক্রেতার সম্মান করুন।

# ব্রাণ্ড মন্ত্র - 16

## ব্রাণ্ডের ব্যক্তিত্ব প্রস্ফুটিত করার জন্য তাকে সাধারণ হতে দেবেন না

আপনার ব্রাণ্ডের স্হিতি নির্ধারিত করার সময় এর সাথে একজন বিশিষ্ঠ্য ব্যক্তির মতন ব্যবহার করুন।

মার্কেটে ব্রাণ্ডের অভাব নেই, আপনি যদি আপনার ব্রাণ্ডকে মার্কেটে সাধারণ রূপেই রাখতে চান তবে তা বস্তুতে পরিণত হবে এবং ভীড়ে হারিয়ে যাবে। এরপর উপাদানের কাছে দাম অবশিষ্ঠ থেকে যাবে এবং ব্রাণ্ডের ভাগ্যকে মার্কেটের হাতে ছেড়ে দেওয়া ছাড়া আপনার কাছে আর কোন উপায় থাকবেনা। এটা এক ভয়ঙ্কর সমীকরণ কারণ এতে আপনার হাতে নিয়ন্ত্রণ করার মতন প্রায় কিছুই থাকে না বললেই চলে।

অন্যদিকে, যদি আপনার ব্রাণ্ডকে আলাদা ভাবে চেনা যায় তবে তা উপভোগকারীদের মনে স্হান করে নিতে পারবে এবং তা তাদের প্রিয় হয়ে উঠবে। এটা নিজেকে তার পূর্ব নির্ধারিত পথে চলার ব্যাপারে আপনাকে সাহায্য করবে। এতে উপভোগকারীরা আপনার ব্রাণ্ডের ব্যক্তিত্ব সম্পর্কে জানতে পারবে।

আপনার ব্রাণ্ড যদি যুবা প্রজন্মের সাথে সংযোজিত থাকে তবে তা শুধুমাত্র তাদেরকেই প্রভাবিত করবে এর কোন মানে নেই। এর মধ্যে ছয় বছরের বাচ্চা থেকে 60 বছরের লোকে প্রভাবিত করার মতন ক্ষমতা থাকতে হবে, তা যেন মনের ভাষা পড়তে পারে। এইভাবে যদি আপনার

ব্রাণ্ড সৌখিনতার সাথে সম্পর্কিত হয় তবে সমস্ত সৌখিন লোকেরা যেন আপনার জিনিস পছন্দ করে।

পেপসীকেই দেখুন, জেনারেশান নেক্সট (নতুন প্রজন্ম)-এর জন্য তৈরী এই উপাদানের মধ্যে দিয়ে ব্রাণ্ডের সজীবতাই প্রকাশ পায়। নতুন শতাব্দীর সন্ধ্যায় এর 2000 মি.লি. বোত,ল পেপ্সী 2000 কে বাজারে নিয় আসা হয়। 2000 সালের শুরুতে 2000 মি.লি.-র বোতল একটা সুন্দর পদক্ষেপ।

পেপসির বিজ্ঞাপনে নিয়মিত যে ফিল্ম বা 'ক্রিকেটের খেলোয়াড়দের দেখা যায় তাদের মুখ থেকেই পেপসীর কথা জানা যায়। এর বিজ্ঞাপনে ভারতের হৃদস্পন্দন শাহরুখ খান ও নামকরা ক্রিকেটারদের দেখা যায় এবং তা ব্রাণ্ডকে সফল করে তোলার জন্য যথেষ্ট চেষ্টা করে। যারা নিজেদেরকে ইয়ং বলে মনে করে পেপসী যদি তাদের মনে স্হান গড়তে চায় তবে ব্রাণ্ডের বিজ্ঞাপনে যে সমস্ত তারকাদের নেওয়া হয়েছে তা একেবারেই সঠিক নির্বাচন। লক্ষাধিক মানুষের হৃদস্পন্দন এবং ভারতের সবচেয়ে জনপ্রিয় খেলার বাদশা ব্রাণ্ডের সাথে জুড়ে আছে, যা দেখতে খুবই ভালো লাগে।

সম্প্রতি 2008-এ পেপসী 'ইয়াঙ্গিস্তান'-এর বিজ্ঞাপনে রণবীর কাপুর ও দীপিকা পাদুকোনের মতন একেবারে তাজা, পরিচিত মুখ দেখতে পাওয়ার জন্য ব্রাণ্ডের তারুণ্যের ছবি আরোও দৃঢ় হয়ে উঠেছে। বিজ্ঞাপনের সাথে শাহরুখ খানও যথেষ্ট রূপে জুড়ে আছে কিন্তু নতুন প্রজন্মের তারকাদের নেওয়ার ফলে ব্রাণ্ড নিজেকে নতুন প্রজন্মের সাথে সংযুক্ত করতে সক্ষম হয়েছে।

সাবানের শ্রেণীতে লাক্সের ব্যক্তিত্ব একেবারেই আলাদা, এটা কোমল, সৌম ও স্নেহপূর্ণ দেখাশোনা করার অনুভব প্রদান করে। নতুন প্রজন্মের ফিল্ম অভিনেত্রীদের দিয়ে বিজ্ঞাপন করানো লাক্সের একটা বিশেষত্ব বলেই মনে কর যায়, তাদের সুন্দর ত্বককে লাক্স কিভাবে রেশমের মতন মুলায়ম করে তুলেছে তা সত্যিই শোনার মতন, স্বপ্নের মতন। লাক্সের একটা সাবানের মধ্যে সৌন্দর্য্যের সমস্ত গুণ লুকিয়ে রেখেছে।

ঐশ্বর্য্য রায়ই হোক বা প্রিয়ঙ্কা চোপড়া, লাক্স সর্বদাই ফিল্ম

অভিনেত্রীদের মাধ্যমে নিজের ব্যক্তিত্বকে আকর্ষিত করে রেখেছে। আধুনিক, ঐতিহ্যবাহী এবং প্রসিদ্ধ সিনে অভিনেত্রীদের সৌন্দর্য এই ব্রাণ্ডের ব্যক্তিত্বকে আরোও প্রস্ফুটিত করে তুলেছে।

পেপসী এবং লাক্স, এই দুটো ব্রাণ্ডের ব্যক্তিত্বকে অনেক দূর থেকে চেনা যায়। দুটি ব্রাণ্ডই প্রতিযোগিতায় নিজেদের শ্রেণীততে অনেক এগিয়ে আছে। লাক্সের ব্যক্তিত্ব ফিল্ম তারকাদের সৌন্দযের রহস্যের মধ্যেই লুকিয়ে আছে আর পেপসীকে ভবিষ্যৎ-এর কোনা বলে মনে করা হচেছ।

ব্রাণ্ড নির্মাণের ক্ষেত্রে কোন বিশেষ বিশেষত্বের দিকে ধ্যান কেন্দ্রীভূত করলে তার থেকে ব্রাণ্ডের ব্যক্তিত্বই বিকশিত হয়, কিন্তু তাকে সাধারণ করে দিলে তা কখনই কার্যকারী বলে প্রমাণিত হয়না।

ব্রাণ্ডের ব্যক্তিত্ব যে সর্বদা যুবক ও সুন্দরই হবে এর কোন মানে নেই। এটা গাম্ভীর্য ও শরীর ভিত্তিকও হতে পারে। শুধু একট বিশেষই মাথায় রাখতে হবে, যে ব্রাণ্ডের ব্যক্তিত্ব এমন হতে হবে যেন লোকেরা তাকে নিজের সাথে জুড়তে চায়।

উপভোগকারীদের সম্মান প্রাপক ডেট্টল ব্রাণ্ড-এর প্রকৃষ্ঠ উদাহরণ। এটা তরল বা সাবান যে রূপেই থাকুক না কেন লোকেরা জানে যে এর সাথে সতেজতা ও শুদ্ধতার সম্পর্ক বিদ্যামন। এ শুদ্ধতাই এর ব্যক্তিত্ব যার ফলে এই শ্রেণীতে ডেট্টল মার্কেটের প্রতিনিধিত্ব করতে সক্ষম।

ব্রাণ্ডের ব্যক্তিত্ব এর ভবিষ্যৎ মূল্যকে বৃদ্ধি করে, অন্যদিকে তা সাধারণ হয়ে গেলে তার মর্যাদা কমে যায়।

## ব্রাণ্ড মন্ত্র - 17

# সন্তানের মতন ব্রাণ্ডকে পালন করুন

ব্রাণ্ডকে কি রকম বানানো উচিত যে বিষয়ে বিভিন্ন লোকের বিভিন্ন মতবাদ আছে। ব্রাণ্ডের রণনীতি কি ক্রমাগতই বদলানো উচিত নাকি কিছুটা সময় পরে পরে তা বদলানো উচিত ?

এই প্রশ্নের উত্তর একেবারেই সাধারণ নয়। আমার মতে, ব্রাণ্ড সন্তানের মতন, তাই এর দেখাশোনার মধ্যে প্রেম, ধ্যান, সমর্পন, শ্রদ্ধা এবং পরিশ্রমের সমাবেশ থাকতে হবে। খাদ্য, পোশাক ও আশ্রয় একটা শিশুর জীবনের সামান্য অংশ মাত্র, এগুলোর প্রয়োজন বাচ্চার শারীরিক বিকাশের জন্য।সব দিক দিয়ে সঠিক বিকাশের জন্য আবেগের প্রয়োজন অনিবার্য। বাচ্চার আধ্যাত্মিক সামর্থের প্রসারও জরুরী।

ব্রাণ্ড ও একেবারে একটা বাচ্চার মতন। জন্মের সময় এটা সম্পূর্ণ অসহায় ও মালিকের উপর নির্ভরশীল থাকে। এর নামকরণ থেকে শুরু করে প্রথম টলমল পদক্ষেপ পর্যন্ত স্নেহ-ভালোবাসার সাথে একে পথ দেখাতে হবে।

ভারতে নোকিয়া বর্তমানে বাল্য কাল অতিবাহিত করছে। আসলে এটা 12 বছরের বাচ্চার মতন হলেও শৈশব থেকেই এর পালন পোষণ একটা বাচ্চার মতন করা হয়েছিল বলে এর ভিত যথেষ্ট দৃঢ় এবং ভারতের মতন বিরাট দেশে সবথেকে বড় বহুরাষ্ট্রীয় ব্রাণ্ড হয়ে উঠে এসেছে।

মার্কেটে আসার সময় থেকেই উপাদানের বিশেষত্ব, বিভিন্ন মডেল, বিজ্ঞাপন, বিতরণ, ছবি এবং উপভোগকারী দের সেবা প্রভৃতি সমস্ত ক্ষেত্রে এর মার্গদর্শনে যথাযথ হয়েছিল। বহু বাধা অতিক্রম করে 2008 সালে বহুরাষ্ট্রীয় ব্রাণ্ড হিসাবে নোকিয়ার ব্যবসা ছিল 15000 কোটি টাকার এবং 2008-এ এই ব্রাণ্ড ইক্‌ভিটীতে ভারতের সর্বাধিক বিশ্বাসযোগ্য ক্ষেত্র বলে মনে করা হয়েছিল।

প্রথম পাঁচ বছরে একটা শিশুর অবস্থা যেমন থাকে শৈশবে নোকিয়ার চলার পথটা তেমনিই ছিল। এই দৌড়ে নোকিয়াই ছিল সর্বাধিক প্রভাবশীল এবং এই সময় ব্রাণ্ড যে প্রয়াস ও নিয়োগ করেছিল তা দীর্ঘকালীন লাভ দিতে সক্ষম হয়েছিল। এর সাথে সৎ মায়ের মতন ব্যবহার করলে যে রাস্তা হারিয়ে ফেলবে এবং ভবিষ্যৎ-এ হয়তো আরোও বিগড়ে যাবে। আপনি যদি একে প্রেম ও স্নেহের সাথে মানুষ করেন তবে একদিন আপনার মাথা এর জন্য গর্বে উঁচু হয়ে যাবে।

মার্কেটে আসার পর ফ্রুটি অসংখ্য বাচ্চা ও বাবা-মার মন মস্তিস্কে স্থান করতে সক্ষম হয়েছিল। বহু বাচ্চাকে মজাদার স্বাদ প্রদানকারী ফ্রুটি তখন নিজেই বাচ্চা ছিল, যার প্রেম ও স্নেহের প্রয়োজন ছিল। 1980 থেকে 1990 পর্যন্ত, ব্রাণ্ড নির্মাণকারীরা তার দিকে নজর রেখেছিল আর সেই কারণেই তার মধ্যে প্রতিযোগিতা করার মতন ক্ষমতার সৃষ্টি হয়ে গেছে আর বর্তমানে ট্যাট্রা প্যাক পেয়্য পদার্থে এই ব্রাণ্ড 80 শতাংশ বাজারের মালিক। আজ এই ক্লান্ত সফলতার শিখরে এবং নিজের বিগত বছর গুলির দিকে স্নিগ্ধ হাসির সাথে দেখতে সক্ষম।

ভারতের বাচ্চারা ফ্রুটির সাথেই বড় হয়, সম্প্রতি এর যে বিজ্ঞাপনটা চলছে তা সেই সত্যিকেই সর্ব সমক্ষেএনে দেয়। আজ ফ্রুটি শক্তিশালী ব্রাণ্ডে পরিণত হয়েছে ঠিকই কিন্তু এর পিছনে রয়েছে শৈশবকালে তার সঠিক পরিচর্চা।

মানুষের মতনই, ব্রাণ্ডের মর্ম মূল্য এর বিকাশের জন্য খুবই জরুরী। আমার মতে ব্রাণ্ড নির্মাণের ক্ষেত্রে চারটে বিষয়ে মাথায় রাখা খুবই জরুরীঃ

1. একে কখনই অদেখা করবেন না ঃ উপেক্ষা করলে দূরত্ব বৃদ্ধি পায়। আপনি যদি নিজের ব্রাণ্ডকে জয়ী দেখতে চান তবে একে নিজের মনের কাছে রাখুন এবং স্নেহপূর্ণ দেখাশোনার মাধ্যমে এর প্রয়োজন পূরণ করুন। থামস-আপ্, কোন একটা সময়ে ভারতের নম্বর ওয়ান কোলা ছিল, এর প্রতিযোগী কোকাকোলাকে গুরুত্ব দেওয়া হয়নি বলে এতবড় শক্তিশালী কম্পানীও মুখ থুবড়ে পড়েছে।

কয়েক বছর বাদে একে নতুন শক্তি প্রদান করার যে চেষ্টা তা সঠিক পথে হলেও মূল্য সময়ও মার্কেটের অংশ ক্ষতিগ্রস্হ হয়ে গেছে।

সম্প্রতি বিজ্ঞাপনে অক্ষয় কুমারকে দেখতে পাওয়া যাচ্ছে বলে তা ব্রাণ্ডকে অনেকটা ভরসা প্রদান করেছে। যদি তা একবার ধ্যান আকর্ষণ করতে সক্ষম হয় তবে এর প্রদর্শন খুবই ভালো হবে। থাম্বজ-আপ শুধুমাত্র বেঁচে থাকার গল্পই নয় বরং তা স্নেহপূর্ণ পরিচর্চার দ্বারা পুনর্সজীব হওয়া সঠিক রণনীতি এবং যথার্থ ধ্যানের দ্বারা পুণরায় বাজারের প্রধান স্রোতে ফিরে আসার সফল গাথা।

2. ব্রাণ্ডকে পথ-ভ্রষ্ট হতে দেবেন না ঃ এটা দুই নম্বর প্রধান অপরাধ যা আপনি ব্রাণ্ড নির্মাণের ক্ষেত্রে করতে পারেন। ব্রাণ্ড যদি পথ হারিয়ে ফেলে তবে তার বিকাশ বন্ধ হয়ে যায়। এর নিম্নগামী সূচাঙ্ক অবশ্যই চোখে পড়বে। ভারতে প্রাক্টর এ্যাণ্ড গ্যাম্বেল এবং গোদরেজের সন্ধির দিন অতি পরিচিত ব্রাণ্ড সিন্হল পথ হারিয়ে ফেলেছিল আবার একে পুণরায় প্রাণ দান করে এবং বিক্রী ও লাভ উভয়ই যথেষ্ট বৃদ্ধি পায়। সিন্হলের সাথে সন্তানের মতন ব্যবহারে ফলেই তা সম্ভব হয়েছিল।

সম্প্রতি অমৃতাঞ্জনের মতন দৃঢ় ব্রাণ্ডের সাথেও একই ঘটনা ঘটেছে। এর ফলে এটা দ্বিতীয় ভরসা যোগ্য ব্রাণ্ডের তালিকার বাইরে চলে যায়। ব্রাণ্ড যদি পথ ভ্রষ্ট হয়ে যায়, তার মানে হল আপনি এর দিকে সন্তানের মতন নজর দিচ্ছেন না। 2008-এ ব্রাণ্ড ইক্‌ভিটীর 'সবচেয়ে ভরসা যোগ্য

ব্রাণ্ড' অমৃতাঞ্জনের সর্বদাই নীচে নামতে থেকেছে। কোন একটা সময়ে এটা সবচেয়ে বেশী দৃঢ় ব্রাণ্ড ছিল। এমন শীর্ষ স্হান অধিকার করার জন্য একে কঠোর পরিশ্রম করতে হবে।

3. ব্রাণ্ডকে নিয়মিত রূপে বিকশিত করার জন্য মার্কেটিং-এর বিভিন্ন বিধির প্রয়োগ করুন ঃ বিজ্ঞাপনের মতন প্রসার মাধ্যমের প্রয়োগ করুন। নতুন ও সুন্দর প্যাকিং এবং গুণগত মান পরিবর্তনের মাধ্যমে আধুনিক রূপ দিন। এর সম্ভাব্য মূল্য কতদূর যেতে পারে এবং বাজারে কতটা পাওয়া যাচেছ সেই সমস্ত গুরুত্বপূর্ণ বিষয় গুলির দিকে নজর দিন। নেসলের মিল্কসেও ব্রাণ্ডে নিয়মিত কিছু না কিছু অর্ন্তভুক্ত করে তাকে বুদ্ধির সাথে বিকশিত করা হয়েছে, উপভোগকারীদের কথা মত রন্ধন বিধিতে পরিবর্তন, সচেতনতা এবং মুখ্য ভিত্তিক প্রয়াস সবই জুড়ে আছে। তাই ভারতে মিল্কমেডের কোন ব্রাণ্ডই কন্ডেমড দুধের শীর্ষে থেকে নেসলেকে সরাতে পারেনি।

ফেভিকলের প্রয়োগও অত্যন্ত সাবধানতার সঙ্গে মার্কেটিং-এর বিভিন্ন বিধি প্রয়োগ করে করা হয়েছে, প্যাকিং হোক বা বিজ্ঞাপন, বিতরণ হোক বা ফেভিকলের চ্যাম্পিয়ানশিপ ক্লাব নামে পরিচিত কারপেন্টার ক্লাব পুলিশ স্হাপন করেই হোক। প্রকৃত পক্ষে ভারতীয়দের সাথে ফেভিকলের বন্ধন খুবই দৃঢ় কারণ মার্কেটিং-এর বহু রণনীতির প্রয়োগ করেই এই ব্রাণ্ডকে বিকশিত করা হয়েছে।

4. ব্রাণ্ডের সাথে সম্পূর্ণ রূপে সংযোজিত থাকুন ঃ আপনার নিজের ব্রাণ্ড নিয়ে গর্ব করা উচিত এবং তার সাথে সম্পূর্ণ রূপে সংযোজিত থাক উচিত। তার সাথে আপনার প্রেমের সম্পর্ক থাকতে হবে। আপনি যদি ব্রাণ্ডকে নির্জীব বস্তু বলে মনে করেন তবে আন্তরিক প্রয়াসের অভাবের ফলে তা পঙ্গু ও প্রতিবন্ধী হয়ে যাবে। মনোরঞ্জন জগতের জি ব্রাণ্ডকে খুবই স্নেহের মাধ্যমে নির্মাণ ও বিকাশ করা হয়েছিল ফলে তা ভারতের অন্যতম দৃঢ় ব্রাণ্ডে পরিণত হয়েছে।

ঠিক এই কারণেই ফেয়ার এ্যাণ্ড লাভলিও ক্রমাগত বিকাশের পথে

অগ্রসর হয়ে চলেছে, কারণ প্রেমের সাথে এই কম্পানী মার্কেটকে নিত্য-নতুন জিনিস দিয়েই চলেছে। এছাড়া ফেয়ার এ্যাণ্ড লাভলী সর্বদাই যুবা প্রজন্মকে প্রলভন দেখিয়ে চলেছে। ব্রাণ্ডকে এখনও পরিচর্চা করা হচেছ এবং এটি উন্নতির পথে এগিয়ে চলেছে। এর ব্রাণ্ড নির্মাণ প্রক্রিয়া যেমন থেমে নেই তেমনিই এর মার্কেটিং-এর চেষ্টাতে কোন শৈথিল্য নেই। বর্তমান তীব্র প্রতিযোগিতার যুগেও এই ব্রাণ্ড মার্কেটে নেতৃত্ব করে চলেছে।

আপনাকে নিজের ব্রাণ্ডকে সেই ভাবেই পরিচর্চা করতে হবে, যেভাবে আপনি নিজের সন্তানের করেন।

## ব্রাণ্ড মন্ত্র - 18

# একটা বড় ব্রাণ্ড তৈরীর জন্য সেবাই হল প্রথম পদক্ষেপ

ব্রাণ্ড ম্যানেজাররা একটা বড় ব্রাণ্ড নির্মাণ করে রোজগারের জন্য ব্যস্ত হয়ে পড়ে। মার্কেটে দ্র,ত গতিতে এগিয়ে যাওয়া খুবই ভালো বিষয়। কিন্তু মনে রাখতে হবে যে সফলতার জন্য কোন ছোট রাস্তা নেই। উন্নতি, বেশী মুনাফা এবং মার্কেটে একটা বিরাট অংশ লাভ করার জন্য আপনাকে সর্বপ্রথম উপভোগকারীদের মন জয় করতে হবে। অন্যভাবে বলা যায় যে, সর্বপ্রথম আপনাকে এটা দেখতে হবে যে উপভোগকারীরা কি ধরণের সেবা পছন্দ করে, তবেই আপনি উন্নতি ও মুনাফার আশা করতে পারেন।

ব্যাঙ্কিং ক্ষেত্রে স্ট্যাণ্ডার্ড চার্টার ব্যাঙ্ক, এইচ ডি এফ সি, আই সি আইসি আই প্রভৃতি ব্যাঙ্কের সাথে-সাথে আরোও বহু ব্যাঙ্ক আছে যারা সেবার বিষয় টিকে গম্ভীরতার সাথে বিচার বিবেচনা করে সততা ও নিয়মিত রূপে উপভোগকারীদের সাথে সঞ্চালন ব্যবস্হা শুরু করে তাদের সন্তুস্ট রাখার চেস্টা করছে।

বর্তমান দিনে ব্যাঙ্কের সেবার ব্যাপারে কঠিন প্রতিযোগিতা দেখা যাচেছ কারণ বিভিন্ন ব্রাণ্ডের সেবা প্রদানের ব্যাপারে পার্থক্য আছে।

নতুন শতাব্দীতে আপনি এটা মনে করতে পারেন যে. সেবার উপর বহু কিছু নির্ভর করে আছে এবং কোন ব্রাণ্ডের জয় পরাজয় এর উপরেই

নির্ভর করে আছে। কোন ব্রাণ্ড সম্পর্কে অভিজ্ঞতা যদি মনোরম হয় তবে তার সম্পর্কে ইতিবাচক চর্চা হবে যার ফলে খুবই ভালো প্রতিক্রিয়া পাওয়া যাবে।

সম্প্রতি আর্থিক বছর 2008-09-এর দ্বিতীয় ভাগে উপভোগ্য বস্তুর এক বড় কম্পানী এল জি এক নতুন ধরনের বিজ্ঞাপন ব্যবস্থা চালিয়েছে, যাতে উপভোগকারীদের জন্য প্রদেয় সেবার উপর খুবই জোর দেওয়া হয়েছে, এবং সেবার প্রতিক্রিয়ার ব্যাপারে একটা নির্ধারিত সময় সীমা ব্যক্ত করা হয়েছে। বিশেষ করে যদি প্রতিশ্রুতি অনুসারে ক্রমাগত সেবা প্রাপ্ত হতে থাকে তবে ব্রাণ্ড হিসাবে তার গুরুত্ব অনেক বৃদ্ধি পাবে। এখন প্রশ্ন হল, আপনি আপনার উভোগকারীদের কি ধরণের সেবা প্রদানের ক্ষমতা রাখেন? মনে রাখবেন বর্তমান দিনের উপভোগকারীরা যথেষ্ট বুদ্ধিমান তাদের নজর সর্বদাই প্রদেয় সেবার গুণমানের দিকে টিঁকে থাকে, আর এটা শুধুমাত্র বিক্রীর পরেই হয়না, সঞ্চয়ের কথা মাথায় রেখে কেনার সময়তেও তা হয়। তাজের মতন হোটেল তাদের প্রকৃত সেবা প্রদানের বলেই এগিয়ে চলেছে। ম্যারিয়েট-এর মত অন্তঃরাষ্ট্রীয় হোটেল ব্রাণ্ড উন্নততর সেবা প্রদান করে থাকে ফলে যারা বিশ্ব ভ্রমণে বেরায় তার তা বারবার গ্রহণ করে থাকে।

সম্প্রতি জ্বালানী দ্রব্যের দাম বৃদ্ধির কারণে বিমান পরিষেবা তার যাত্রীদের উন্নত থেকে উন্নততর সেবা প্রদানের চেষ্টা করে চলেছে।

এবার 1990 সালের শুরুর দিকে নজর দিন যখন প্রাইভেটাইজেশান হওয়ার ফলে বিমান পরিষেবার এক বিপ্লব এসেছিল এবং ইণ্ডিয়ান এয়ারলাইনসের সামনে বহু প্রতিদ্বন্দ্বি এসে দাঁড়িয়ে যায়। যদিও সারা দেশ জুড়ে ইণ্ডিয়ান এয়ারলাইন্সের বিবরণও নেটওয়ার্ক ছড়িয়ে আছে। কিন্তু সেবার গুণমানের অভাব ছিল। জি টি ভি-র জন্য ড্রীম মচ্যাটস্ নামক শো-এর সময় ইস্ট-ওয়েস্ট এয়ার লাইন্স, গ্রেট এয়ার ওয়েজ, ইণ্ডিয়ান এয়ার লাইন্স, .মোদী লুফ্‌ত এবং দমানিয়ার বহু বরিষ্ট অফিসারের সাথে আমার সাক্ষাৎ হয়েছিল, তারা অনেক বড়-বড় প্রতিশ্রুতি দিয়েছিল। তারা বলেছিল যে, ভারতের ঘরোয়া বিমান যাত্রীদর মুখে পুণরায় হাসি ফিরে আসবে। এই প্রতিশ্রুতি সফল করার

জন্য অনেকে দাম কম করে, সুন্দরী বিমান সেবিকাদের সাহায্য নেয় এবং বিমান যাত্রার সময় প্রদেয় মদের পরিমাণ বৃদ্ধি করে যাত্রীদের আকর্ষণ করার চেষ্টা করে।

দুর্ভাগ্য বশতঃ তাদের মধ্যে বেশীর ভাগ সংস্থাই অসফল থেকে যায়। যেখান থেকে শুরু করে আজ পর্যন্ত উন্নততর সেবা প্রদানের এই প্রতিযোগিতায় ইণ্ডিয়ান এয়ারলাইনস ও জেট এয়ার ওয়েজ দৌড়ে চলেছে।

কিংগ ফিশারের মতন নতুন বিমান পরিষেবা কয়েক বছরের মধ্যেই উন্নততর সেবা প্রদান করে যাত্রীদের মন জয় করতে সক্ষম হয়েছে। তাদের প্রদর্শন এতটাই উন্নততর ছিল যে আজ কিং ফিশার এয়ার ইণ্ডিয়া এবং জেট এয়ারওয়েজের মতন উন্নততর সংস্থার সাথে একই সারিতে এসে দাঁড়িয়েছে। এয়ার ইণ্ডিয়া ঘরোয়া ব্যাপারে সেবা প্রদানের ক্ষেত্রে ক্রমাগত পরিবর্তন আনার চেষ্টা করে চলেছে।

কঠোর পরিশ্রমের ফল কিভাবে পাওয়া যায় তা দেখার জন্য আমাদের ভারতে শুরু শপিং মল গুলির দিকে নজর দিতে হবে। যখন ভারতে কেউ মল বা চেন স্টোরেজ সম্পর্কে শোনে পর্যন্ত নি তখনই মুম্বাইতে শর্পাজ স্টাপ জোরদার ভাবে তাদের স্টোর খুলেছিল। তাই যখন রহেজা গ্রুপস্ সিনেমা হলকে উন্নততর শপিং মলে পরিবর্তন করে তখন কেউ বলতে পারেনি যে, এর পরিণাম কি হবে।

শর্পাজ স্টপের সবচেয়ে বিশেষত্ব হল এর প্রদেয় সেবার গুণমান।

এরপর জয়পুর, দিল্লী, চেন্নাই, ব্যাঙ্গালোর এবং অন্যান্য মহানগরীতে শর্পাজ খোলাটাই স্বাভাবিক ছিল। নতুন শতাব্দীর শুরুতে কঠোর প্রতিযোগিতা থাকা সত্ত্বেও এর দৃঢ়তা এতটুকু ক্ষুন্ন হয়নি।

যে জিনিস বাজারে প্রথম আসে তা বিকশিত করতে খুর বেশী অসুবিধা ভোগ করতে হয়না। কিন্তু ক্রমাগত বিকশিত হয়ে বড় ব্রাণ্ড তৈরী করতে হলে সেবাই প্রথম পদক্ষেপ শর্পাজ স্টাপ ছাড়াও ওয়েস্ট সাইড, ক্রস্‌ওয়ার্ড, ল্যাণ্ডমার্ক বস্ত্র এবং পুস্তকের শ্রেণীতে উন্নততর সেবাপ্রদান করে নিজেদের ব্রাণ্ডকে বিকশিত করে তুলেছে এর ফলে উপভোগকারীদের সন্তুষ্টি, বিক্রী, বিকাশ এবং লাভ প্রভৃতির সংযোগ সম্ভব হয়েছে।

অন্তঃ রাষ্ট্রীয় স্তরে ব্রিটেনের মার্কস এ্যাণ্ড স্পেন্সর চেন স্টোর এবং আমেরিকার মেসী চেন স্টোরের অভিজ্ঞতা খুবই আনন্দজনক, ফলে ব্রাণ্ড গুলি দ্রুত গতিতে উন্নতির দিকে ধাবিত হচ্ছে।

প্রকৃত পক্ষে একটা বড় ব্রাণ্ড নির্মাণের ক্ষেত্রে সেবাই সবচেয়ে গুরুত্বপূর্ণ পদক্ষেপ।

আপনার ব্রাণ্ড যে শ্রেণীরই হোক না কেন সেবা খুবই গুরুত্বপূর্ণ পদক্ষেপ।

মার্কেটে স্হান গড়ার জন্য সমস্ত প্রকার উপভোগ্য বস্তু, দৈনন্দিন জীবনে ব্যবহার সামগ্রী, বা টেক্সই বস্তু, শিল্পজ বস্তু, বা তথ্য প্রযুক্তি প্রভৃতি যাইহোক না কেন ক্রেতাদেরকে খুশী করার জন্য সম্মানজনক সেবা প্রদান করতেই হবে।

সমস্ত ব্রাণ্ড নির্মাণকারীদের এটা জানা উচিত যে, তার ব্রাণ্ডকে ক্রেতার বিশ্বাস অর্জন করতেই হবে। আর এরজন্য সবার আগে উন্নততর সেবা প্রদান করতে হবে, তার পরেই সে জয়ী ব্রাণ্ডের কামনা করতে পারে।

আপনারা যত 2011-এর দিকে এগোবেন সেবার গুরুত্ব তত বৃদ্ধি পাবে। অন্যান্য জিনিস সমান ভাবে থাকলেও, একটা বড় ব্রাণ্ড নির্মাণের ক্ষেত্রে সেবাই হবে প্রথম পদক্ষেপ।

ব্রাণ্ড মন্ত্র - 19

# মনে রাখবেন, উপভোগকারীরা ব্রাণ্ডের প্রতীত মূল্য দেখে

যখন আপনি কোন ব্রাণ্ড কেনেন তখন আপনি কি পান ? অবশ্যই উপাদানের থেকে একটু বেশী কিছু ! একটা ব্রাণ্ড আপনাকে ইতিবাচক কার্যকারী লাভ প্রদানের সাথে সাথে আপনার আবেগকেও স্পর্শ করে।

একটা লাক্স সাবান কেনার সময় আপনি পরিস্কার পরিচ্ছন্নতা ছাড়াও আরো কিছু পান। সর্বপ্রথম সেই সমস্ত ফিল্ম অভিনেত্রীদের কথা মাথায় আসে, যারা বলে লাক্সই তাদের সৌন্দর্যের রহস্য, আর সেই সঙ্গেই জড়িয়ে থাকে আর একটা বিশ্বাস লাক্স আপনার ত্বককে কোমল, স্পর্শকাতর ও সুন্দর করে তুলবে।

লাক্সের এত জনপ্রিয়তার কারণ কি ? এর কারণ হল, এটা শুধুমাত্র একটা সাবানই নয়। এটা উপভোগকারীদের সুন্দর করে তোলার প্রতিশ্রুতি দেয়।

প্রতিটা ব্রাণ্ড দুই ধরনের লাভ প্রদান করে থাকে। প্রথমত মূল্য, যা দাম ও গুণমানের মেল বন্ধন। এটা মজবুত ও ইতিবাচক দিক এটার উপস্থিতি খুবই স্বাভাবিক। এরপর আসে নজরে না আসা মূল্য—তা হল ব্রাণ্ড সম্পর্কে কি চিন্তা করা হয়। এই দুই পক্ষ মিলে তৈরী হয় 'প্রতীত মূল্য'।

ভারতে মোবাইল সেবন খুবই দ্রুত গতিতে ছড়িয়ে পড়ছে। হ্যাণ্ডসেট

ব্রাণ্ড এবং সেবা প্রদানকর্তা ব্রাণ্ড দুটোই দ্রুতগতিতে বিকশিত হয়ে চলেছে। দুই পক্ষের কেউই পকেটের উপর চাপ সৃষ্টি না করলেও ন্যূনতম দামকেই প্রাথমিকতা দেওয়া হয়ে থাকে। উপভোগকারীরা এটা দেখে যে, কোন ব্রাণ্ড তাকে সর্বাদিক দিয়ে ভারসাম্য মুক্ত প্রতীত মূল্য দিচ্ছে, তাতে দাম একটু বেশী হলেও অসুবিধা হয়না।

মনে রাখবেন উপভোগকারীরা ব্রাণ্ডের প্রতীত মূল্য দেখে। আসুন একটা অতি সাধারণ বিষয় নিয়ে বিশ্লেষণ করা যাক্, যার সাথে আমাদের দৈনন্দিন জীবন যুক্ত। জম্মদিনের দিন কোন ছেলে এমন কেক পছন্দ করবে কি, যার উপরে কোন নাম লেখা নেই, নাকি সে নিজের নাম লেখা কেক পছন্দ করবে ? নাম লেখা কেকের প্রতীত মূল্য যে বেশী হবেই তাতে কোন সন্দেহই নেই কারণ এর সাথে প্রকৃত মূল্য ও আবেগ দুইই জড়িয়ে আছে। এই ভাবে বিচার করে দেখলে বোঝা যায় দুটো জিনিসের দামের মধ্যে খুব একটা পার্থক্য নেই ঠিকই কিন্তু এর প্রতীত মূল্যতে অনেক পার্থক্য থেকে যায়। কেক তো সাধারণ জিনিস কিন্তু তার উপর লেখা নাম বা বার্তার সাথে জুড়ে থাকে মানুষের আবেগ। এই দুটো মিলে উপভোগকারীকে একটা প্রতীত মূল্য প্রদান করে।

উপভোগকারীর নজর থাকে প্রতীত মূল্যের দিকে। উদাহরণ হিসাবে মারুতি 800 কেই দেখুন। এর মূল্য গুণমানকে অটোমোবাইল জগতে ছোট করা খুবই মুশকিল। মূল্যের দিক থেকে এটা নিয়ে কোন তর্কই চলেনা। এর মতন গাড়ী গুলি মারুতি 800-রে সাথে প্রতিযোগিতায় অবতীর্ন হয় তখন মারুতি 800 নিজেকে পরিবারের পছন্দের গাড়ী বলে। এর মধ্যে এমন একটা আবেগও সম্পূর্ণতার ভাবনা ছিল যে ক্রেতাদের মনে এই গাড়ী স্হান করে নিতে দেরী করেনি। একটা ছোট্ট কার হিসাবে, যা আধুনিক পরিবারের প্রয়োজনকে পূরণ করে, এর প্রতীত মূল্যই একে ছোট্ট গাড়ীর শ্রেণীতে যে প্রতিদ্বন্দ্বিতা আছে তার থেকে রক্ষা করেছে। এই ভাবে সময় থাকতেই নিজের প্রতীত মূল্য বৃদ্ধি করে মারুতি 800 এই কঠোর পরিস্হিতির সম্মুখীনতা করেছ। বিগত শতাব্দীর শেষ পর্যন্ত এটা টিঁকে ছিল।

নতুন শতাব্দীর শুরুতে স্যান্ট্রো, ইণ্ডিকা এবং মার্টিজের প্রতীত মূল্য

মারুতির আগে চলে যায় ফলে উপভোগকারীদের মনের গতি বদলে যায়, যার ফলে মারুতির মার্কেট কমতে থাকে।

এই বার ব্যবস্থাপকেরা উপভোগকারীদের মনে এর প্রতীত মূল্য বৃদ্ধির জন্য এর দাম কমানোর রণনীতি গ্রহণ করেছে। এর ফলে এর তুলনামূলক প্রতীত মূল্য আরোও কমে গেছে, যার ফলে মার্কেটের অংশীদারীতে পুণরায় নিম্নগতি দেখা গেছে।

এরপর থেকেই উপদানকে উন্নততর করে তোলার জন্য কম্পানী তাদের ব্রাণ্ডের প্রতীত মূল্য, ছবি এবং গুণমানে প্রচুর পরিবর্তন এনেছে, ফলে পুণরায় মার্কেটে দৃঢ়তা স্থাপনে সক্ষম হয়েছে। সত্যি বলতে কি 2008-09 এর নতুন বিজ্ঞাপন 'ইণ্ডিয়া কামস হোম ইন এ মারুতি সুজুকী'-এর দ্বারাএর প্রতীত মূল্য আরোও দৃঢ় হয়ে উঠেছে।

ব্রাণ্ড মার্কেটিং-এর লোকেদের সর্বপ্রথম ব্রাণ্ডের প্রতীত মূল্য বৃদ্ধির কথা ভাবা উচিত, দাম কমানোর কথা নয়।

উপভোগকারীরা কম দামের তুলনায় উচ্চ প্রতীত মূল্যকেই বেশী প্রাথমিকতা দেয়। প্রকৃত পক্ষে তারা আসলে দেখে যে কোন ব্রাণ্ডের দামের তুলনায় তার প্রতীত মূল্য কত বেশী এবং সেই নিরীখেই সে নিজের স্বার্থ দেখে। কোন ব্রাণ্ড বিশেষের ক্ষেত্রে সে যখন নিজের স্বার্থ বেশী দেখে তখন কোন রকম সংকচ না করে সে তা কিনে নেয়।

তাই মার্কেট ব্যবসায়ীদের ব্রাণ্ডের প্রতীত মূল্য বৃদ্ধি এবং তাকে যতদূর নিয়ে যাওয়া সম্ভব তা নেওয়ার জন্য ক্রমাগত চেষ্টা করা উচিত। এতে উপভোগকারীদের হিত স্বার্থ পাবে ফলে বিক্রী বৃদ্ধি পাবে, উৎপাদন বৃদ্ধি পাবে এবং উৎপাদনের খরচ কমবে ফলে উৎপাদনকারীদের লাভ হবে, যার ফলে উৎপাদনের ক্ষেত্রে নতুন সমাবেশ ঘটাতে পারবে এবং ব্রাণ্ডের প্রতীত মূল্য উপরে উঠতে থাকবে।

প্রতীত মূল্য বৃদ্ধির ক্ষেত্রে সবচেয়ে ভালো উদাহরণ হল এয়ারটেলের। এই ব্রাণ্ড সর্বদাই উপভোগকারীদের প্রয়োজনের কথা মাথায় রেখে চলে ফলে উপভোগকারীদের মন ও মস্তিষ্কে নিজের স্থান গড়তে সক্ষম হয়েছে।

2004 সালে ভরসাযোগ্য ব্রাণ্ড হিসাবে এয়ার টেলের স্থান 15 নম্বরে

হলে 2008 সালে তা দ্বিতীয় স্থানাধিকারে সক্ষম হয়েছে। এর থেকে পরিস্কার বোঝা যায় যে ব্রাণ্ড নির্মাণের অনুকূলতা এবং রণনীতির মাধ্যমেই প্রতীত মূল্য বৃদ্ধি পায় এবং পরিণামেও ভালো হয়।

শেষ পর্যন্ত উপভোগকারীরা প্রতীত মূল্যই দেখে।

**(19.1 চিত্র দেখুন)**

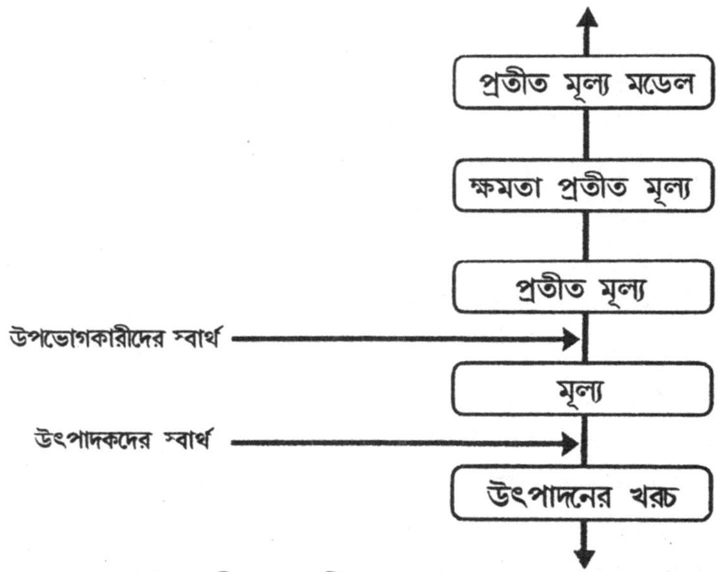


ভারতের অগ্রগণ্য বিমান পরিষেবা জেট এয়ারওয়েজের কাছে দামটা কোন গুরুত্বই রাখেনা। এর প্রতীত মূল্যের রচনা অত্যাধুনিক ঢঙে করা হয়েছিল যার ফলে উপভোগকারীদের প্রদেয় সেবার ক্ষেত্রে তা সফল বলে প্রমাণিত হয়েছিল। সত্যি বলতে কি, জেট এয়ার ওয়েজের দর অন্যান্য ঘরোয়া সেবার তুলনায় অনেক বেশী, তাই প্রীমিয়ম মূল্যে কোন পার্থক্য দেখা যায়না। যে বিষয়টা লক্ষ্য করার মতন, তা হল এর সমস্ত আধুনিক বিমান সময় মতন ওড়ে ও সময় মতন নামে এছাড়া বিমান প্রদত্ত সুবিধাগুলিও উন্নততর। ভারতের বিমান যাত্রীরা এই প্রতীত মূল্যের দাম দিতে রাজী।

প্রতীত মূল্য ব্রাণ্ডকে একটা নতুন দীগন্তে নিয়ে যায়। এতে উপভোগকারীরা উৎপাদনের সাথে-সাথে এর দ্বারা প্রদও সঞ্চার ও ব্রাণ্ড অভিজ্ঞতাকেও কেনে। কোন শীতল পানীয়ই হোক বা কম্প্যুটার প্রশিক্ষণ কেন্দ্র, উপভোগকারীরা প্রত্যক্ষভাবে ব্রাণ্ডের উপযোগিতাকে কেনে এবং অপ্রত্যক্ষ ভাবে এর প্রতীত মূল্যের আনন্দ উপভোগ করে।

এই প্রতীত মূল্যকেই উপভোগকারীরা ব্রাণ্ডের মধ্যে খুঁজে বেরায়। আপনি তাদের তাই দিন আর জয়ী হোন।

## ব্রাণ্ড মন্ত্র - 20

# সব রকম উপাদান সকলের জন্য নয়

আপনি যদি নিজের ব্রাণ্ডের উপভোগকারী নির্বাচন করতে ভুল করেন তবে আপনার ব্রাণ্ড অসফল হয়ে যাবে। প্রথম দিকে সব ঠিক-ঠাক বলে মনে হয়। মনে হয় উপাদান হিট্ হয়ে গেছে, দামও একদম ঠিক। বিজ্ঞাপন ও প্রচার দেখে মনে হয় উপাদানের চাহিদা হবে যথেষ্ট। প্রাপ্তির ব্যাপারটা মাথায় রেখে বিতরণের ব্যবস্থাও বিস্তৃত রূপে করা হয়।

কিন্তু মার্কেটে আসার পর থেকেই উপাদানের চাহিদা কমতে থাকে। গবেষণা করে দেখা গেছে উপদানের অসফল হওয়ার কারণ হল এর ভুল শ্রেণী করণ, অর্থাৎ ঠিক জিনিস ঠিক লোকেরা হাতে গিয়ে পৌঁছাচেছ না।

সীয়লো কার অন্য দেশে খুব চলেছিল কিন্তু ভারতে তা একদমই চলেনি, কারণ তা ভুল উপভোগকারীর হাতে চলে গিয়েছিল। ভারতীয় উপভোগকারী একটা ছোট গাড়ীর আশায় ছিল কিন্তু সীয়লোছিল একটা মধ্যম আকার বিশিষ্ঠ গাড়ী। এই কার অন্য দেরে জন্য সঠিক হলেও ভারতীয় উপভোগকারীর জন্য তা ভুল বলে প্রমাণিত হয়।

এটা টেকো ব্যক্তির কাছে চিরুণী বিক্রীর মতন বিষয়, কম হওয়ার জন্য উপাদানের কোন দোষ নেই, আসলে ভুল থেকে যায় ক্রেতা

নির্বাচনের ব্যাপারে। সুতরাং সে যে জিনিসটা কিনবেনা তাতে কোন সন্দেহই নেই।

এবার মার্সিডীজের উদাহরণ দেখুন, জার্মানের এই প্রসিদ্ধ কার ভারতে আসার পর সবাই ভেবেছিল যে তাদের মুখ থুবড়ে পড়তে হবে, কিন্তু দুর্ভাগ্যবশতঃ এমন কোন ঘটনা ঘটেনি, কারণ মার্সিডীজ ব্রাণ্ডের মার্কেটিং টীম ব্রাণ্ডের শ্রেণী করণের ক্ষেত্রে খুবই ভুল করে ফেলেছিল।

ভারতে পেজর সংস্থার সাথে এমনই কিছু ঘটেছিল। যদি পেজরকে একটা সুবিধাজনক বস্তু হিসাবে লঞ্চ করার পরিবর্তে তার মার্কেটিং-এর সাথে সম্পর্কিত লোক, ড্রাইভার ও সেল্সম্যান প্রভৃতির দিকে ধ্যান কেন্দ্রীত করা হত তবে হয়তো পেজর সংস্থা বিকশিত হত। সঠিক শ্রেণীকরণ করাটা খুবই জরুরি, সেই সাথে সঠিক উপভোগকারীকেও বেছে নিতে হবে।

মুম্বাই শহরের সম্পত্তি বাজারের দিকে একটু নজর দেওয়া যাক। যেখানে তিন বেডরুম, একটা হল একটা কিচেনের চাহিদা সেখানে একটা বেডরুম, হল, কিচেন সমেত ফ্ল্যাটও পাওয়া যাচেছ। এরকম অবস্থায় গৃহ নির্মাতা কি করতে পার, যেখানে লোকে তিন বেডরুমের ফ্ল্যাট চাইছে? এক্ষেত্রেও ক্রেতা নিবাচন ভুল হয়ে গেছে। এই অবস্থায় নির্মাতার কি করা উচিত? বাক সব ছেড়ে শুধু চাহিদার দিকে নজর দেওয়া উচিত কি? না। সঠিক উপভোগকারী খুঁজতে হবে। তাকে সেই রকম স্থান খুঁজে বার করতে হবে যেখানে একটা বেডরুম, কিচেন ও হলের চাহিদা আছে।

এক্ষেত্রে একটা বিষয় মাথায় রাখতে হবে, এমন অনেক শিক্ষার পাঠক্রম বা তথ্য প্রযুক্তি সংস্থা খোলা হয় যা অন্তঃরাষ্ট্রীয় বিদ্যার্থীদের জন্য হয়, ভারতীয়দের জন্য নয়। ফলস্বরূপ তা ভারতীয় বিদ্যার্থীরা নাকচ করে দেয় ফলে তাদের হাতে থেকে যায় অসফলতা।

এই মন্ত্রের রহস্য উদ্ঘাটনের একমাত্র পথ হল মার্কেটিং আপনার জন্য কাজ করা এবং সঠিক উপাদান সঠিক লোকের হাতে গিয়ে পড়ুক।

## ব্রাণ্ড মন্ত্র - 21

# উপভোগকারীদের আবেগের কথা মাথায় রাখুন

মানুষকে বিবেকবান জানোয়ার বলা যেতে পারে, কিন্তু তার আবেগ তাকে সবথেকে বেশী প্রভাবিত করে। উপভোগকারীদের মন জয় করার জন্য এক ফোঁটা চোখের জল, একটা আহা বা এক টুকরো হাসি খুবই গুরুত্বপূর্ণ হয়ে ওঠে তা ব্রাণ্ডের প্রতি সচেতনতা বৃদ্ধির জন্যই হোক, ব্রাণ্ড ব্যবহার করে, দেখতে বলার জন্যই হোক বা বিক্রীতে সফলতা পাওয়ার জন্য হোক।

বিজ্ঞাপনের জগতে সংবেদনশীল পথ খুবই শক্তিশালী হয়ে ওঠে। উপভোগকারীদের আবেগের দিকটাতে নজর দেওয়া খুবই জরুরি, ভারতের মতন বিশাল ও বৈচিত্রময় দেশে তা আরোও গুরুত্বপূর্ণ হয়ে ওঠে। কারণ একজনের খাদ্য অপরজনের জন্য বিষের কাজ করতে পারে। আপনার বিজ্ঞাপন আপনাকেই পাল্টা জবাব দিয়ে দিতে পারে, এক্ষেত্রে ব্রাণ্ডের প্রচণ্ড ক্ষতি হবে।

ব্রাণ্ড নির্মাণের যত শাস্ত্র আছে তার মধ্যে সবচেয়ে বিপদজনক হল এটা। এক দৌড়ে আপনার বিক্রী ও ব্রাণ্ড ইক্‌ভিটী আকাশ ছুঁতে পারে।

নিম্নে কিছু উদাহরণ দেওয়া হল। এক কাপেলের রোমান্টিক ডিনার স্মরণীয় হয়ে উঠতে পারে, যখন প্রেমিক তার প্রেমিকাকে একটা অসাধারণ টাইটন ঘড়ি উপহার দেয় আর সঙ্গীতকার একটা রোমান্টিক

গানের সমাবেশ ঘটিয়ে দেয়। টাইটান পুণরায় তাদের ঘড়ি বিক্রীর জন্য বাবা মেয়ের সম্পর্কিত হাত ধরে, একটা টি ভি বিজ্ঞাপনে মেয়ের বিয়ের সময় বাবাকে টাইটনের ঘড়ি উপহার দেওয়া হয়। যখন এই আবেগপ্রবণ দৃশ্য চলছিল, তখন এই ভদ্রলোকের আর একটি মেয়ে পিয়ানোতে টাইটানের সুর বাজাচ্ছিল। এই বিজ্ঞাপনকে অদেখা করা মুশকিল হয়ে ওঠে কারণ ভারতীয় পরিবারে বিয়ের মুহূর্ত স্মরণীয় মুহূর্ত হয়ে ওঠে। আজ টাইটন ঘড়ির শ্রেণীতে শীর্ষ স্থানে আছে।

এইচ ডী এফ সি যে আত্মসম্মান অভিযানে নেমেছে তা খুবই প্রভাবশালী হয়ে উঠেছে।

আই সি আই সি আই দ্বারা সিঁদুর ও পারিবারিক বন্ধনের প্রুডানশিয়াল অভিযান আবেগের দিকটা খুবই প্রভাবিত করে।

এমন কি মারুতির আমার স্বপ্ন, আমার মারুতি এই বিষয়ের এক সুন্দর উদাহরণ কারণ এই বিজ্ঞাপনই পারে ব্রাণ্ডের ভাগ্য বদলে দিতে। ভারতের বাজারে বিভিন্ন ব্রাণ্ড ছোট কার আনার পর মারুতি 800 সম্পূর্ণ নতুন ভাবে প্রভাবিত করবে বলে ঠিক করে এবং এই উপাদানকে প্রত্যেক পরিবারের স্বপ্নের নাম দেয়। পরিবারিক সম্পর্কের শক্তিশালী আবেগকে প্রয়োগ করে মারুতি উপভোগকারীদের নিজের মনের কথা জানাতে সক্ষম হয়েছে এবং প্রতিদ্বন্দ্বিদের নিজের চলার পথে বাধার সৃষ্টি করতে দেয়নি। প্রকৃত পক্ষে নিজেদের জীবনের গতি শোধরানো যায়না তাই উপভোগকারীরা দুই চাকর যান বা বাস ত্যাগ করে মারুতি ব্যবহারের দিকে মন দিয়েছে। ফলে হঠাৎই একটা নতুন চাহিদার সৃষ্টি হয় এবং উপস্থিত বাজার আরোও বিস্তার লাভ করে।

আসুন ক্যাডবেরীর জীবনের স্বাদ নিয়ে আলোচনা করা যাক। এতে চকলেট খাওয়ার সাথে জীবনের আনন্দকে তুলনা করা হয়েছে। এতে একটু দুঃসাহসিকতাও আছে যখন একটা মেয়ে দৌড়ে ক্রিকেট পীচে পোঁছে যায় তখন এই ব্রাণ্ড সরাসরি দর্শকদের মনে স্থান গড়ে নেয়। ক্যাডবেরির এই বিজ্ঞাপন বহু উপভোগকারীর মনে স্থান গড়ে নিতে সক্ষম হয়েছিল এবং সেই সঙ্গে একটা সাধারণ চকলেট নতুন দীগন্তে পৌঁছে যায়। সর্বশেষে ভি আই পি সুটকেশের কুয়ালিটি, আজটি এবং কালভি বিজ্ঞাপন নিয়ে

কথা বল যাক। এটা একেবারেই ভারতীয় পরিবারকে কেন্দ্র করে গড়ে উঠেছে, যাতে একথাও বলা হয়েছে যে এটা সর্বদা চলবে, এটা এমন একটা ব্রাণ্ড যা বংশ পরম্পরায় চলে আসছে এবং সব পরিবারের পছন্দ। এই বিজ্ঞাপনের সাথে ভি আই পি লাগেজ পরিবারের সদস্য হয়ে উঠেছে এবং মার্কেটের অগ্রগণ্য ব্রাণ্ডে পরিণত হয়েছে। ভি আই পি লাগেজের সাথে অতিবাহিত করা বিগত খুশীর মুহূর্ত, বাবা ও ছেলের স্নেহপূর্ণ আলিঙ্গন বা মেয়ের বিয়েতে মায়ের দেওয়া উপহার এই বিজ্ঞাপন গুলি ভি আই পি-র সাথে আরামদায়ক ভ্রমণের কথা মনে করিয়ে দেয়, যার ফলে ভারতের এক বিরাট সংখ্যার উপভোগকারীরা প্রভাবিত হয়েছে এবং ভি আই পি লাগেজ বিক্রীর ক্ষেত্রেও অভূতপূর্ব বৃদ্ধি দেখা গেছে।

আবেগের সঠিক ব্যবহার সমগ্র দেশকে প্রভাবিত করার ক্ষমতা রাখে, আর ব্রাণ্ড নির্মাণকারীরা এই শক্তিরই ব্যবহার করে থাকে। কিন্তু তাদের এটাও স্মরণে রাখতে হবে যে এর প্রয়োগ বিবেকপূর্ণ স্টাইলে উপভোগকারীদের আবেগকে সম্মান দিয়েই করা উচিত।

# ব্রাণ্ড মন্ত্র - 22

## ক্রেতাদের সম্পর্কে পূবানুমান করবেন না

অনেক সময় ভেদভাব পূর্বাগ্রহের কারণে উপভোগকারী সম্পর্কে পূর্বানুমান করে নেওয়া হয়। ব্রাণ্ডের জন্য তা ঘাতক বলে প্রমাণিত হতে পারে।

অনেক সময় মার্কেটিং-এর লোকরা দেখেও না দেখার ভান করে। বা বলা যায় যে, মাত্র কয়েকটা গাছের জন্য পুরো জঙ্গল ছেড়ে দেয়। ফলস্বরূপ মার্কেটিং-এর পরিকল্পনা ধীর থেকে ধীরতর হয়ে যায় এবং মার্কেটে ব্রাণ্ড মুখ থুবরে পড়ে।

কোন একটা সময়ের কথা স্মরণ করতে পারেন কি যখন আপনি ভারতের আইনি সংবিধান দেখে থাকবেন ? একশো টাকার নোটকে মন দিয়ে দেখুন। দেখতে পাবেন যে এতে পনেরোটা ভাষায় ধারককে একশো টাকা দেওয়ার প্রতিশ্রুতি করা হয়ে থাকে। আজ্ঞে হ্যাঁ, পনেরোটা ভাষায়। এর প্রতিটা ভাষা এটা প্রমাণ করে যে, আমরা এমন এক দেশের বাসিন্দা যার সভ্যতা বৈচিত্রময়। ভারত বৈচিত্রের মধ্যে ঐক্যের প্রতীক। এমন অবস্থায় ব্রাণ্ড নির্মাণকারীকে নিজের শ্রেণী করণের দ্বারা বিভিন্ন উপভোগকারীদের জন্য পৃথক-পৃথক মার্কেট পরিকল্পনা তৈরী করতে হবে। কোন সুবিধাজন উপায় খুঁজে বার করা এবং সম্পূর্ণ দেশকে এক বলে মনে করলে প্রায়ই ভেদভাব ও পূর্বাগ্রহের মতন পরিস্থিতির সৃষ্টি হয়। ফলে বিকাশ খুব বেশী দূরে থাকেনা। জার্মানের

বিখ্যাত অটো কম্পানী মার্সিডীজ রেঞ্জ ভারতীয় উপভোগকারীদের সম্পর্কে পূর্বানুমান করে ভুল করে ফেলেছিল যার ফলে এই কম্পানীকে যথেষ্ট মূল্য দিতে হয়েছিল। তাদের প্রীমিয়াম মূল্যের কারের জন্য তারা সম্পন্ন ভারতীয়দের কিনা মার্সিডীজ রেঞ্জ মার্কেটে পুরোনো মডেল না আনত। এখানকার উপভোগকারীরা সমস্ত বিষয়েই জ্ঞান রাখে। তারা মার্সিডীজ রেঞ্জের মডেল সম্পর্কেও জানত। প্রকৃত পক্ষে এদের মধ্যে কয়েকজনের কাছে আগে থেকেই মার্সিডীজ রেঞ্জ ছিল সুতরাং যে গাড়ী তার জনপ্রিয়তা হারিয়েছে তার জন্য তারা কেন প্রিমিয়াম মূল্য দেবে। পরিণাম ? মার্কেটে তার আসাটা দুঃস্বপ্নে পরিণত হয়। ভারী খরচের সাপেক্ষে বিক্রী খুবই ধীমী গতিতে চলেছিল। ব্রাণ্ডের ইমেজ ধোঁয়াটা হয়ে যায় এবং ভারতীয় অংশীদার তাদের হাত সরিয়ে নেয়। সম্প্রতি বলিউডের কিছু ফিল্ম বক্স অফিসে আশানুরূপ প্রদর্শন করতে ব্যর্থ হয়েছে। অনেক সময় মুখের কথা বোঝানোও সমস্যাজনক হয়ে দাঁড়ায়। তাই প্রথমে বিস্তৃতি লাভের দিকটা দেখতে হবে আর তারপরই উপভোগকারীদের সম্পর্কে নির্ণয় নিতে হবে। নিজের উপভোগকারীদের সম্পর্কে পূর্বানুমান করা ভুল হবে।

প্রাক্টর এ্যাণ্ড গ্যাম্বেল দ্বারা মার্কেটে আনা ক্যামি সাবান ব্রাণ্ডের বড়-বড় হাব-ভাব এবং কোন জিনিসকে আগে থেকেই মেনে নেওয়ার নীতির শিকার হয়। এই ব্রাণ্ড মার্কেটে আনার সময় ভারতীয় উপভোগকারীদের ইচছার দিকে সামনাতম ধ্যান দেওয়া হয়নি। আসলে ক্যামি মোটামুটি সারা বিশ্বেই পরিচিত ছিল, সেই অনুসারে ভারতের বাজারেও তা চলবে মেনেই কিছু অনুমানকরা হয়েছিল। এর বিজ্ঞাপনে ব্রাণ্ডের লাভ সম্পর্কেও কোন কথা উত্থাপন করা হয়নি। ক্যামি ভারতীয় উপভোগকারীদের সম্পর্কে পূর্বানুমান করে নিয়েছিল। আর সেই কারণেই ভারতীয় উপভোগকারীরা এই ব্রাণ্ডের দিক থেকে মুখ ঘুরিয়ে নেয়। আজ ভারতে এই ব্রাণ্ডের কোন অস্তিত্ব নেই। সাবানের শ্রেণীতে ক্যামি একেবারেই অসফল থেকে যায়।

এই মন্ত্রটি একেবারেই এড়িয়ে যাবেন না। কারণ উপভোগকারী সম্পর্কে পূর্বানুমান করার অর্থ হল আপনি তাদের একেবারেই সময়

দিচ্ছেন না। আপনি তাদের পছন্দ ও অপছন্দ সম্পর্কে ওয়াকিবহাল নন। আপনি তো এটা পর্যন্ত ভাবেননি যে, তারা এতটাই গুরুত্বপূর্ণ যে তাদের খুশী রাখতে হয়।

এক্ষেত্রে ভুল করে ফেলবেন না। অহংকার মত্ত হয়ে মার্কেটের পরিস্থিতি অধ্যায়ন করতে ভুলবেন না। এতে শুধুমাত্র ভয়ঙ্কর পরিণামই সামনে আসবে।

## ব্রাণ্ড মন্ত্র - 23

# নিজের স্হানীয় ক্রেতাদের সম্মান করুন

কিছু-কিছু বহুরাষ্ট্রীয় ব্রাণ্ড স্হানীয় উপভোগকারীদের কদর করেনা।

কিছু-কিছু রেফ্রিজারেটর কম্পানী মার্কেটে বড়-বড় রেফ্রিজারেটর নিয়ে আসে। কিন্তু ভারতীয় উপভোগকারীরা ছোট রেফ্রিজারেটরই পছন্দ করে।

আগেই বলেছি যে, যখন মার্সিডীজ ভারতের বাজারে প্রবেশ করেছিল তখন এই কম্পানী ভারতীয়দের কৃপা করে একটা পুরানো অপ্রচলিত মডেল মার্কেটে নিয়ে আসে। তারা ভেবেছিল ভারতীয়রা একটা জার্মানি কার কিনতে পেরে নিজেদের ধন্য বলে মনে করবে। দুই বছর পর যখন মার্সিডীজ কম্পানী নিজেদের ভুল বুঝতে পারে ততক্ষণে অনেক দেরী হয়ে গিয়েছল। তাদের বহু লোকশান হয়ে গিয়েছিল এবং তারা বুঝতে পারে যে সারা পৃথিবীতে ঘুরে আসা ভারতীয় উপভোগকারীদের ছোট করাটা খুবই ভুল হয়েছে। মার্সিডীজ বোঝে যে এরা উচ্চমানের উপভোগকারী এবং এরা সর্বত্তম উপাদান পছন্দ করে। তাই যদি তাদের মার্সিডীজের প্রয়োজন হয় তবে তারা বিদেশ থেকে তা কিনে ভারতে পাঠিয়ে দেবে। কিন্তু বহু পুরানো মডেলকে বর্তমান দামে তারা কখনই কিনবেনা।

তাই শুরুতে মার্সিডীজ কম্পানী কোন রকম সফলতা পাইনি।

পরে যখন তারা সবচেয়ে ভালো এবং আধুনিক মডেল ভারতের বাজারে নিয়ে আসে এবং স্হানীয় উপভোগকারীদের সম্মান দেয় তখন

তারা সফলতা পেতে শুরু করে। আজ ভারতীয় উপভোগকারীদের মধ্যে তা জনপ্রিয় হয়ে উঠেছে।

বহুরাষ্ট্রীয় কম্পানী গুলি প্রায়ই একটা সাধারণ ভুল করে থাকে, তাহলো তারা ভাবে যে যেহেতু অবশ্যই চলবে তাই কোন রকম মার্কেটিং করে না, ফলে উপভোগকারীদের মানসিকতা না বুঝেই তারা এই দেশে নিজেদের উপাদান নিয়ে চলে আসে ীার ভাবে তাদের ব্রাণ্ড সর্বত্র বিক্রী হবে। কিন্তু তা হয়না।

কেলজজের ক্ষেত্রে কম্পানী যে অভিমতা লাভ করেছিলতার থেকে বুঝেছিল যে, ভারতীয়রা গরম দুধ খেতেই পছনদ করে ঠাণ্ডা নয়। তারা এটাও জেনেছিল যে ভারতীয়রা মিষ্টি খেতে পছন্দ করে ফলে বহু ভারতীয় দুধে চিনি মিশিয়ে পান করে। তাই যখন তারা চোকোজ বা ফ্রাস্টীজ বাজারে নিয়ে আসে তখন তা হিট হয়ে যায়।

ক্রেতা-বিক্রেতা সম্পর্ক সম্মানের ভিত্তিতেই গড়ে ওঠা উচিত। এদের মধ্যে কোন এক পক্ষ যদি নিজেকে উঁচু বলে মনে করে তবে তাদের সম্পর্ক ভেঙে যবে এবং সেই সাথে মার্কেটিং-এর ভবিষ্যৎ-ও চুরমার হয়ে যাবে।

বিশ্বাস এবং আত্মবিশ্বাস এমন দুটি গুরুত্বপূর্ণ তত্ত্ব যা সফল ব্রাণ্ডের জন্য খুবই জরুরী। উপভোগকারীদের ব্রাণ্ডের উপর বিশ্বাস থাকতে হবে এবং উপভোগকারীদের বিশ্বাস জাগানোর জন্য কম্পানীকে যথা সম্ভব প্রয়াস চালিয়ে যেতে হবে। ব্রাণ্ড নির্মাণকারীদের মধ্যে কোন রকম অহংকার দেখা গেলে তা ব্রাণ্ডের জন্য ঘাতক হয়ে উঠতে পারে। আর ভারতে এটা হওয়ার সম্ভাবনা খুবই বেশী, কারণ ভারতের বাজার অতি দ্রুত এটা হওয়ার এবং কোন ব্রাণ্ড যদি ভুল পন্থায় বাজারে আসে তবে সে কখনই দৃঢ়তার সাথে দাঁড়াতে পারেনা। যে সমস্ত ভারতীয় ব্রাণ্ড 'চলতা হ্যা' নীতিতে বিশ্বাসী তাদের কাছে এই বার্তা স্পষ্ট হয়ে যাওয়া উচিত কারণ আজ পর্যন্ত তারা একটা সুরক্ষিত বাতাবরণ কাজ করছিল। এখন তাদের নিজের শোধরানোর সময় এসেছে তা না হলে মার্কেটকে টা-টা বলতে হবে।

যদি এই শতাব্দীতে কোন মন্ত্র অনুসরণ করতে হয়, তা হল, "স্থানীয়

উপভোগকারীদের ছোট করবেন না, কারণ তারাও বিশ্ব মানের উপভোগকারী।" স্থানীয় উপভোগকারীদের আপনি কোন দয়া করছেন না। বস্তুর মান খারাপ হলে তারা কখনই কোন রকম বোঝা পড়া করবে না। আর তারা চুপ করে সব কিছু সহ্য ও করবেনা।

ভারতের বাজারে নোকিয়া, এলজী ও স্যামসাঙ্গ-এরমতন ব্রাণ্ড সফলতা পেয়েছে কারণ তারা স্থানীয় উপভোগকারীদের সম্মান দিয়েছে এবং নিজেদের উপাদান ও ব্রাণ্ড রণনীতিকে ভারতীয় উপভোগকারীদের প্রয়োজন অনুসারে গড়ে তুলেছে।

অন্যদিকে তাদের সাথে একটা সুন্দর সম্পর্ক গড়ে তোলাও খুবই জরুরী, আপনি অন্য বিশ্বমানের ক্রেতাদের সঙ্গে যেমন ব্যবহার করেন তাদের সাথেও তেমনই ব্যবহার করুন, এর পরই আপনি ব্রাণ্ডের সফলতা ও নিজের লাভ সম্পর্কে সুনিশ্চিত হতে পারবেন।

# ব্রাণ্ড মন্ত্র - 24

# সৎ হোন, ঠগ নয়

সাধারণ মানুষের মধ্যে একট অতি পরিচিত ভুল ধারণা আছে, তা হল মার্কেটে জালিয়াতি চলে, কিন্তু প্রকৃত পক্ষে কোন প্রতারক কখনই ব্রাণ্ড নির্মাণকারী হতে পারেনা।

মার্কেটের রণনীতি সর্বদাই সততার উপর ভিত্তি করে গড়ে ওঠে, যদি এর ভিত্তি মিথ্যের উপর গড়ে উঠত তবে তা কখনই টিকতে পারত না।

টাটা নুনের মতন ব্রাণ্ড নিজের সততার জন্যই ইক্‌ভিটী অধ্যায়ে সবচেয়ে ভরসা যোগ্য ব্রাণ্ডর সম্মান পেয়েছে।

পারলে বিস্কুটের ব্রাণ্ডও সৎ বলেই পরিচিত এবং এই ব্রাণ্ডও 2008-এ ভরসা যোগ্য ব্রাণ্ডের তালিকাতেই অন্তর্ভুক্ত হয়েছে।

বহু বর্ষর ধরে পারলে বিস্কুট ও টাটা নুন ভরসা যোগ্য ব্রাণ্ডের তালিকায়ে রয়ে গেছে এবং লোকেদের বিশ্বাস অর্জন করে নিজেদের শ্রেণীর নেতৃত্ব করে চলেছে।

সৎ হওয়ার মানে কি ?

ব্রাণ্ড হওয়ার মানে কি ?

ব্রাণ্ড নির্মাণের ক্ষেত্রে এর অর্থ হল সঠিক স্টাইলে নিজের ব্রাণ্ডের তথ্য পেশ করা। ইচ্ছা হলে আপনি নিজের তরফ থেকে ভালো কিছু বলে এর উন্নত তর রূপ প্রদান করতে পারেন।

কিন্তু যদি আপনি তথ্য লম্বা-চওড়া করে পেশা করেন বা যদি তা

কাটা-ছেঁড়া করে পেশ করেন তবে তা এক প্রকারের প্রতারনা বলে প্রমাণ হবে। আর একটা কথা স্পষ্ট রূপে জেনে নিন যে জালিয়াতি করে কখনই কিছু পাওয়া সম্ভব না।

ব্রাণ্ড রণনীতি তৈরীর সময় তা বোধগম্য হওয়াটা খুবই জরুরী, কারণ যদি উপভোগকারীরা আপনার বলা তথ্য বিশ্বাস না করে তবে তারা প্লেভোর ফ্লু মতন তার থেকে দূরে পালাবে, হয়তো তারা এক আধ বার আপনার উপাদান কিনলেও কিনতে পারে কিন্তু যদি আপনার গ্রাহক নিয়মিত গ্রাহকে পরিণত না হয় তবে আপনার টিঁকে থাকা খুবই মুশকিল হয়ে উঠবে। বারবার কেনাই ব্রাণ্ড নির্মাণের অপর নাম। আপনার কোম্পানী যদি উন্নতি করতে চায়, নাম করতে চায় তবে বিশ্বাসী উপভোগকারী চাই-চাই।

কোন উপভোগকারী যদি এটা বোঝে যে সে ঠকে গেছে তবে সে কখনো এই উপাদান আর কিনবেনা।

তাই সততাই হল সেই ভিত যার উপর ব্রাণ্ড নির্মাণের সম্পূর্ণ চালচিত্র থাকা উচিত।

দুর্ভাগ্যবশত কিছু ব্রাণ্ড কিছু শ্রেণীর ছবিও ধোঁয়াটে করে দিয়েছে। একটা পচা মাছ যেন সম্পূর্ণ পুকুরকে নষ্ট করে দেয়, তেমনি একটা দুটো ব্রাণ্ডের জন্য এই শ্রেণীই কলঙ্কিত হয়ে যায়। ভারতে এই ধরণের কিছু শ্রেণী হল টাইম শেয়ারজ, বাগান, নিয়োগের পরিকল্পনায় জমা করা অর্থ এবং ক্লাব প্রভৃতি। একটা সৎ ব্রাণ্ডের পথ খুবই কঠিন হয়।

ভারত বর্ষের নিরিখে দুটো এমন প্রতারনার উদাহরণ দিতে চাই, এই ব্রাণ্ড গুলি শুরুতেই এমন রং দেখিয়েছিল যে না তাদের কোন রকম বিকাশ হয়েছে আর কোন গুরুত্বপূর্ণ অভিজ্ঞতাও সঞ্চয় করতে পারেনি।

সেলোটেপ নামে পরিচিত ব্রাণ্ড সম্পর্কে বলতে চাই। এই এডহেসিভ টেপস্ যতটা লম্বার প্রতিশ্রুতি দেয় আসলে ততটা লম্বা হয়না। আর তাদের দ্বিতীয় মিথ্যে প্রতিশ্রুতি হল তাদের জোড়ার ক্ষমতা। এই টেপ এডহেসিভ টেপ নামে পরিচিত ঠিকই কিন্তু মাত্র দুই একবারই জোড়া লাগাতে সক্ষম হয়।

উপভোগকারীদের 'যথেস্ট হয়েছে' এই কথা বলতে বাধ্য করবেন না।

তাই যখন কোন প্রতিযোগী নিজের প্রতিশ্রুতি পালন করতে সক্ষম হয় তখন হাওয়া সেই দিকেই বইতে থাকে। মাত্র দেড় মাসের মধ্যেই সেই ব্রাণ্ড মার্কেটের বিরাট অংশ হস্তগত করতে সক্ষম হয়ে যায়।

অন্য উদাহরণটি হল 1500 কোটি টাকার ধূপের মার্কেটের ভারতে সাধারণত পূজার সময়তেই ঘর সৌরভে ভরিয়ে তোলার জন্য ধূপ ব্যবহার করা হয়। ধূপ তৈরীর বহু ব্রাণ্ড আছে আর মোটামুটি সকলেই সস্তাদরের প্যাকেট দেয়, তাদের কথানুসারে একশোটা ধূপ কাঠি থাকে কিন্তু প্রকৃত পক্ষে তাতে 60-70 টা ধূপকাঠি পাওয়া যায়। কয়েক বছর আগে বাজারে একটা নতুন ব্রাণ্ড আসে। এই ব্রাণ্ড মাত্র কয়েকটা দোকানেই নিজেকে উপস্হিত রাখে এবং উপভোগকারীদের বিশ্বাস অর্জন সক্ষম হয়। তারা নিজেদের প্রতিশ্রুতি পালন করে। এই ব্রাণ্ড রাষ্ট্রীয় ব্রাণ্ডে পরিণত হলে হয়রান হওয়ার কিছু নেই। দীর্ঘকালীন সময় ধরে চলতে হলে যে কোন ব্রাণ্ডকে সততার নীতি গ্রহণ করতেই হবে।

# লেখক পরিচিতি

জগদীপ কাপুর মুম্বাইয়ের এক নামকরা মার্কেটিং পরামর্শ কম্পানী সমসিকা মার্কেটিং কন্সালট্যান্টসস প্রা. লিমিটের চেয়ারম্যানও ব্যবস্হাপকিয় নির্দেশক। 13 বছরের এই কম্পানীর থেকে বহুরাষ্ট্রীয় কম্পানী প্রচুর সেবা লাভ করেছে। অনেক বড়-বড় ব্রাণ্ডের জন্য এই কম্পানী কাজ করেছ, তাদের মধ্যে প্রধান হল–ক্যারিয়ার, ওটিস, নভনীত, নিরমা, হলজ, মাদার ডেয়রী, সেভন সীজ, সীকড, মনজিনিস, ফ্রুটি, স্হিল, এস-মীল, ফেবিকল, এপটেক, এরেনা, ব্যালী, এভ্কার পনেশিয়া বায়োটেক, সফল, লিস্ট্রীন, ডী দমার্স, নক্ষত্র, অস্মী, সঙ্গিনী, হীরানন্দানী মোতিলাল ওসওয়াল, ডিজক্রাফট্, বলরামপুরচিনি, গরভারে, ট্যাট্রা প্যাক, ফেডএক্স, ব্ল্যু ডার্ট, হিমালয়ান ন্যাচারাল মিনারেল ওয়াটার, ইরেজার, কিসান, অগ্নি, সিনেম্যাক্স, নির্মল লাইফস্টাইল এবং ওবেরয় কনস্ট্রাকসশান।

ব্রাণ্ডগুরু নামে পরিচিত জগদীপ কাপুর কেজন সৃজনশীল লেখক। উনি বেশ কয়েকটা বেস্ট সেলর বই লিখে ফেলেছেন, যার মধ্যে 18 ব্রাণ্ড শাস্ত্রও অন্যতম। এখন ও পর্যন্ত ইকোনমিক টাইমক্স, দ্যা আফ্টারনুন, বিজনেস টুডে, বিজনেস লাইজ (দ্যা হিন্দু দ্বারা), বিজনেস স্ট্যাণ্ডার্ড এবং ডেক্কান হেরাল্ড প্রভৃতি পত্র-পত্রিকায় তাঁর 1,602 লেখা প্রকাশিত হয়ে গেছে। তিনি নিয়মিত ভাবে টেলিভিশান শো সঞ্চালিত করে থাকেন এবং প্রসিদ্ধ মার্কেটিং শো 'ড্রীম মচ্যান্টস'-এর সূত্রধার তিনিই। তিনি মুম্বাইয়ের জমনালাল বাজাজ ইনস্টীটিয়ুট অফ্ ম্যানেজমেন্ট স্টাডির ভিজিটিং, ফ্যাকলিটী মেম্বার, কোন এক সময়ে তিনি এখানকার ছাত্রও ছিলেন।

ডায়মণ্ড বুক্স
হৃদয় রোগ থেকে মুক্তি
5-টি সহজ পদক্ষেপ
ডাঃ বিমল ছাজেড়, এম. ডি.
হৃদয় রোগ থেকে মুক্তি 5-টি সহজ পদক্ষেপ
Rs. 150.00 ISBN : 81-89605-76-3
বিনা তেলে রান্নার পদ্ধতি
বিনা তেলে রান্নার পদ্ধতি
Rs. 95.00
ISBN : 81-8419-237-1
ওজন কমানোর জন্য 201 টি টিপ্‌স
ডাঃ বিমল ছাজেড়
ওজন কমানোর জন্য
201 টি টিপ্‌স
Rs. 95.00
মানসিক চাপ থেকে মুক্তির উপায়
মানসিক চাপ থেকে মুক্তির উ
Rs. 75.00
ISBN : 81-8419-116-2
ডায়াবেটিজ রোগে কি খাবেন 201-টি পরামর্শ
ডায়াবেটিজ রোগে কি খাবেন
201-টি পরামর্শ Rs. 95.00
ISBN : 81-89605-75-5
হার্টের অসুখে কি খাবেন 201-টি পরামর্শ
ডাঃ বিমল ছাজেড়
হার্টের অসুখে কি খাবেন
201-টি পরামর্শ Rs. 95.00
ISBN : 81-89605-74-7
ক্রোধ Rs. 25.00
ISBN : 81-8419-157-X
কোমর যন্ত্রণা Rs. 25.00
ISBN : 81-8419-159-6
কোষ্ঠকাঠিন্য Rs. 25.00
ISBN : 81-8419-155-3
ডিপ্রেশন Rs. 25.00
ISBN : 81-8419-156-1
নিরামিষ আহার Rs. 25.00
81-8419-160-X
এ্যালার্জী Rs. 25.00
ISBN : 81-8419-158-8
বা হ্য
ঠাকুমার ঘরোয়া চিকিৎসা
ওশো
DIAMOND BOOKS
X-30, Okhla Industrial Area, Phase-II, New Delhi-110020
Ph : 011-40712100, 40716600 Fax : 011-41611866 e-mail : sales@dpb.in website : www.dpb.in